La "sensatez" cristiana

Iván Pertiné

La "sensatez" cristiana

Comentario a las Bienaventuranzas

ഇരു

TAN Books
Charlotte, North Carolina

Publicado en los Estados Unidos por
TAN Books
PO Box 410487
Charlotte, NC 28241
www.TANBooks.com

Publicado y encuadernado en los Estados Unidos

Índice

PRÓLOGO

En la Introducción de este libro, su autor, el Padre Iván Pertiné, deja claro que la obra es fruto de un retiro predicado a los sacerdotes de la Sociedad San Juan de la que él es el Director General.

Por ello no hace falta en mi prólogo explicar acerca del mismo, pero sí quiero compartir mi propia experiencia al recibirlo y recibir a la vez el pedido de compartir con ustedes lo que su lectura ha suscitado en mí. Y aunque el padre nos advierte que fue pensado, rezado y predicado a los sacerdotes de la Sociedad San Juan, la universalidad de lo cristiano y católico puede hacer mucho bien a todos los miembros de la Iglesia.

La Sociedad San Juan es una Sociedad de Vida Apostólica nacida en el seno de la Diócesis de Cruz del Eje, Diócesis que tengo el gozo de pastorear desde hace ya ocho años. Tierra Santa que recibe con gozo al primer santo sacerdote argentino, del clero diocesano y cordobés, nuestro querido San José Gabriel del Rosario (Santo Cura Brochero).

Es aquí, en esta Diócesis donde los "misioneros hicieron sus primeros pasos" aprobados por el entonces Obispo, Monseñor Omar Félix Colomé, por lo cual la vinculación con la Sociedad está dada por origen de nacimiento y crecimiento y también por lazos de valoración y cercanía.

Agradezco al Padre Iván pedirme este favor. Como suele pasar, el favor fue para mí. Comencé leyéndolo y terminé –desde las primeras– páginas rezándolo.

Leer y rezar acerca de las Bienaventuranzas y del Sermón de la Montaña en este año de la Misericordia ha sido una gracia muy especial.

No es un libro para leerlo de corrido, tampoco para leer y dejarlo. No podrán. Es un libro para rezar, dialogar con el

Señor y también desde la propia realidad, podría decir, dialogar con el autor.

El Padre Iván lleva a que luego de cada plática uno pueda ir a su propio interior y dispara oportunas preguntas para encarnar y ver el lugar donde uno "está parado espiritualmente".

Estoy seguro de que al terminarlo experimentaran con el padre Pertiné que "la enseñanza de Cristo es la más sensata, la más adecuada al corazón humano y la que mejor responde a los deseos más profundos...".

+ *Santiago Olivera*
Obispo de la Diócesis de Cruz del Eje, Córdoba, Argentina

Dedico este libro
a todos los miembros de la Sociedad San Juan.

Introducción

Este libro nació como un retiro que había de predicar para los sacerdotes de la Sociedad San Juan. Los temas propuestos eran las Bienaventuranzas y el Sermón de la Montaña. Consciente del desafío que presentan estos capítulos del Evangelio de Mateo, dediqué un año a orar con estos textos y a leer distintos estudios y comentarios al respecto.

El Sermón de la Montaña es uno de los textos de la Palabra más comentados, desde los padres de la Iglesia hasta el día de hoy. Es de algún modo *inaferrable*; no se deja domesticar ni reducir a una idea de manual, sino que tiene vida, dinamismo y capacidad de interpelar, de cuestionar y de despertar un anhelo profundo por vivir así, totalmente de cara a Dios, libres de ataduras innecesarias y totalmente entregados a la misión a la que hemos sido llamados.

Prediqué el retiro a los sacerdotes, y luego –con algunas pocas adaptaciones– a distintos grupos de laicos en Argentina, Uruguay y Estados Unidos. Y por último, a los misioneros de la Sociedad San Juan, que son quienes, mientras estudian Filosofía, se preparan para ser sacerdotes al servicio de la Nueva Evangelización.

En cada uno de estos retiros mi comprensión del texto se fue enriqueciendo con la experiencia de tantas personas que, desde su lugar y su contexto, luchan por ser fieles a las enseñanzas de Jesús y por vivir esta Palabra con radicalidad evangélica. Por eso estas páginas están escritas un poco entre todos, y nacen de un ida y vuelta con Dios en la oración, y con mis hermanos en la predicación y en la escucha de sus vivencias.

Se trata de un texto primero escrito, luego predicado, y finalmente desgrabado. De allí el estilo oral de sus páginas. Se trata de charlas dadas en vivo; por eso es ágil en su lectura e informal en su expresión, como quien conversa con amigos. Consideré que era mejor conservar el ritmo oral porque expresa el dinamismo comunitario en el cual estas reflexiones fueron tomando cuerpo, y porque es una invitación al lector a "sentarse en el retiro", y participar en él como un oyente más.

Naturalmente, por ser este libro la versión del retiro predicada a los misioneros, los lectores encontrarán alusiones a la Sociedad San Juan, a sus Constituciones, a la vida consagrada, al desafío de la Nueva Evangelización y a algunas circunstancias de la historia reciente del nacimiento de esta Sociedad de Vida Apostólica.

Es un retiro para hombres que quieren consagrarse a Cristo en la Sociedad San Juan. Pero creo que mucho de lo que aquí se comparte puede ser leído con provecho, y adaptado a la circunstancia personal de cada uno. Esto es así porque aquellos llamados a seguir a Cristo en su vida pública por los caminos de las Galileas de hoy, no son de otra madera, sino que son *"tomados de entre los hombres"*[1] para su servicio. Y porque Cristo es hombre entre los hombres, puede *"mostrarse indulgente con los que pecan por ignorancia y con los descarriados, porque él mismo está sujeto a la debilidad humana"*.[2] De modo que lo que sirve para unos sirve para todos y viceversa, si se lee con fe y en oración.

Esto me da pie para una sugerencia: al final de cada capítulo hay un ejercicio, una propuesta para orar con las Bienaventuranzas y con el Sermón de la Montaña. Los invito cordialmente a realizar esos ejercicios para así configurarnos con Cristo, y experimentar en nuestra vida la *"gloriosa libertad de los hijos de Dios"*[3].

Al final del Sermón de la Montaña, Jesús compara al hombre que escucha su enseñanza y la pone en práctica a un hombre sensato que sabe edificar sólidamente: *"Así, todo el que es-*

---

[1] Heb 5,1.
[2] Heb 5,2.
[3] Rom 8,21.

cucha las palabras que acabo de decir y las pone en práctica, puede compararse a un **hombre sensato** *que edificó su casa sobre roca. Cayeron las lluvias, se precipitaron los torrentes, soplaron los vientos y sacudieron la casa; pero esta no se derrumbó porque estaba construida sobre roca".*[4] Y lo contrapone al insensato, que escucha y no practica, y por lo tanto construye sobre arena, y la casa se derrumba ante las tormentas. La comparación es sugestiva. Escuchar y poner en práctica es la opción más sensata, que nos permite edificar, orientar toda nuestra vida según los criterios del Evangelio.

Muchas veces se dice que vivir el Evangelio es muy difícil. Yo creo en realidad que es lo más fácil, a la larga. Es difícil vivir sin Dios, buscando a tientas, en soledad. Es más fácil escucharlo, pertenecer a una comunidad cristiana, caminar con otros, y beneficiarse de la sabiduría de la Iglesia. Es difícil estar solo, y es difícil, por sus consecuencias a mediano y largo plazo, vivir sometido a las propias pasiones y a la presión de los criterios de este mundo. En cambio, la vida se facilita, se simplifica, cuando soy capaz de confiarme a la Palabra, luchar contra mí mismo, y así avanzar en la libertad interior que me permite amar hondamente. Es verdad que implica una opción de la libertad, y que la Palabra de Jesús no apela a lo más superficial o instintivo, sino al estrato profundo, más personal y libre, donde tomamos las decisiones. Pero también es verdad que quien da este paso comienza a experimentar que la enseñanza de Cristo es las más sensata, la más adecuada al corazón humano, la que mejor responde a los deseos profundos, y también al sentido común. *Su enseñanza es sensata, y nos hace sensatos.* Así quien practica el Sermón de la Montaña, con la gracia de Dios, se adentra por los caminos de la sensatez cristiana, y recupera el sentido común que da el contar con las coordenadas existenciales fundantes: somos hijos del Padre, hemos sido y somos amados por Dios, somos peregrinos al cielo, hemos de sembrar mientras hay tiempo, y cultivar una vida fraterna, de esta vida nos llevamos lo que damos, y así.

---

[4] Mt 7,24-25.

"Que el Dios de nuestro Señor Jesucristo, el Padre de la gloria, les conceda un espíritu de sabiduría y de revelación que les permita conocerlo verdaderamente. Que Él ilumine sus corazones, para que ustedes puedan valorar la esperanza a la que han sido llamados, los tesoros de gloria que encierra su herencia entre los santos, y la extraordinaria grandeza del poder con que Él obra en nosotros, los creyentes, por la eficacia de su fuerza".[5]

---

[5] Ef 1,17-19.

LA HUMANIDAD DE JESÚS

Los invito a comenzar "con gran ánimo". Como sabemos, la lectura de un libro espiritual implica un entrar con fuerza, ya que los frutos o las luces dependen en gran parte de nuestro modo de posicionarnos frente a lo que se nos quiere transmitir. Esto es una constante de la vida espiritual; por eso insistimos en lo positivo que es levantarnos de un salto, hacer los ofrecimientos al comenzar el día, etcétera.

Comenzar con ánimo, con generosidad, con fe, es muy importante. Pienso que el ánimo y la generosidad, el deseo de salir al encuentro del Señor que viene con las lámparas encendidas, es ya un acto de fe. Orar es ya un acto de fe. Voy a la mañana a la capilla y ya voy creyendo que el Señor tiene una palabra para mí, una gracia para darme; que Él me va a tocar el alma. A veces lo sentiré más, a veces menos, pero ya voy con fe.

La fe es un don de Dios que hay que poner en práctica; no hay que darlo por sentado. Es también una respuesta humana al don de Dios; por eso los animo a entrar con gran valentía en estas páginas.

Jesús, el Hombre Glorioso

En el prólogo del Evangelio de Juan dice: *"Y la palabra se hizo carne y habitó entre nosotros y nosotros hemos visto su gloria"*.[6] Dicen los estudiosos que cuando Juan expresa eso –la gloria que Él vio– no hace referencia tanto a los milagros o a la resurrección de Jesús (aunque no los excluye) sino más bien al modo de ser hombre de Jesús. ***Jesús era un hombre glorioso; su humanidad reflejaba la gloria, la belleza, la luz de Dios... humanamente.***

---

[6] Jn 1,14.

Para Juan, la muerte de Jesús es gloriosa: la serenidad, el amor, la entrega, el modo con que Él triunfa sobre el odio y el pecado... eso es glorioso. En realidad, para Cristo es así también. Juan lo rescata, lo sabe ver.

Juan es uno de los que aquella tarde siguieron a Jesús. Juan vio, se quedó con Él ese día y proclamó que habían encontrado al Mesías.[7] Fueron los gestos humanos de Jesús –su conversación, su trato– un signo elocuente de su identidad. Y en la primera carta del Evangelio de Juan, él va a decir: *"Lo que hemos oído, lo que hemos visto con nuestros ojos, lo que hemos contemplado y lo que hemos tocado con nuestras manos acerca de la Palabra de Vida, es lo que les anunciamos"*.[8] Era un testigo de la humanidad gloriosa de Jesús.

Ahora bien, podemos preguntarnos: ¿Qué significa para mí "contemplar la humanidad de Jesús"?

Es justamente entrar en los textos del Evangelio en los que está retratado Jesucristo y poder usar la imaginación, la inteligencia, los afectos... *permitir que Jesús se me revele, que Él toque ese esfuerzo ascético de orar y, con la gracia del Espíritu, Él se me muestre. Que yo pueda ver Su humanidad, contemplarla –sobre todo en el Sermón de la Montaña, en sus enseñanzas– y así ver la mía. Ver Su humanidad y ver mi propia humanidad para ajustarla más a Él.*

Por eso, junto a Juan, pidámosle: "Señor, déjame contemplar tu humanidad. Déjame entrar en tu humanidad gloriosa".

Jesús está presente y viene a servirme

Para Mateo, Jesús es "el que está con nosotros". Lo presenta así, con mucha fuerza: es el Emanuel. El que al principio del Evangelio es el anunciado;[9] que a la mitad del Evangelio es el que promete su presencia diciendo: *"Cada vez que dos o*

---

[7] Cfr. Jn 1, 35.
[8] 1 Jn 1,1.
[9] Cfr. Mt 1,23.

más estén reunidos en mi nombre, yo estaré en medio de ustedes";[10] y que al final les asegura: *"Yo estaré con ustedes hasta el fin del mundo"*.[11] Jesús es el Dios que está.

Al comenzar estas reflexiones, hagamos un acto de fe en la presencia de Jesús entre nosotros, en este lugar. No solamente en la Eucaristía, por supuesto. Jesús está implicado con nosotros en esta lectura, está involucrado. A Él le interesa esto, se interesa por cada uno de nosotros, está en esta casa, está en este lugar, Jesús está. Está Él escuchando, esperando, está realmente presente.

En el himno de los Filipenses, que rezamos todos los sábados, se describe el "ascenso y descenso" de Jesús: *"El que era de condición divina, no consideró esta igualdad con Dios como algo que debía guardar celosamente: al contrario, se anonadó a sí mismo, tomando la condición de servidor y haciéndose semejante a los hombres. Y presentándose con aspecto humano..."*.[12]

Jesús no solamente cumplió eso en su encarnación y lo vivió en su vida pública, sino que lo repite y lo revive. *Él llega hasta nosotros hoy, en su condición de servidor.* En estos días de retiro, *Jesús viene a servirnos; Él está entre nosotros estos días para lavar nuestros pies como lo hizo con los apóstoles en la Última Cena, para escucharnos en la oración, para aconsejarnos como un amigo, para hablarnos, para darnos luz.*

Los invito a realizar un acto de fe y dirigirnos con alegría a Él diciéndole: "¡Qué humilde eres, mi Dios, que estás conmigo en estos días!".

Pidamos ver su gloria en estos días; *es gloriosa esta enseñanza del Sermón de la Montaña, insuperada, insuperable; son gloriosas las Bienaventuranzas y glorioso es Él que las vivió hasta el extremo.*

---

[10] Mt 18,20.

[11] Mt 28,20.

[12] Filip 2,7.

La salvación viene de Jesús

Déjenme leerles un párrafo de un artículo que me gustó mucho. ¡Miren qué hermosura! Dice así:

"Porque solo Dios crea, solo el fiat de Dios es creador: 'Hágase la luz'. El fiat de María, que concibió al hijo unigénito de Dios, era una oración. No era un heroísmo suyo, no era una capacidad suya; era una oración: 'He aquí, hágase, suceda'.

'Hágase' es pedir y así lo concibió virginalmente como virginalmente lo dio a luz. Qué importante es la *virginitas in partu* de María; qué importante es aceptar la certeza de la fe que lo dio a luz virginalmente; porque la salvación no viene de los dolores, la salvación viene de la gracia, no viene de los sufrimientos; la salvación viene porque somos amados. No viene por el dolor del hombre: la salvación viene de la felicidad de Dios, de la plenitud de la felicidad de Dios. La salvación viene porque somos amados. Que María lo diera a luz con un parto sin dolor, que lo diera a luz con un parto sin violencia, que lo diera a luz virginalmente, es decir, en el estupor... es señal de que la salvación viene del ser amados.

La certeza de fe sobre el parto virginal la resume Pío XII en *Mistici Corporis* con esta expresión: 'Con admirable parto'. Mientras cada uno de nosotros ha venido al mundo en parto de dolor, ese parto fue un parto de estupor, sin dolor, sin violencia, porque la salvación viene de la gracia. La salvación no nace del pecado, no nace del desierto; florece en el desierto, hace florecer al desierto, pero viene porque somos amados. El hecho de que seamos amados nace de la felicidad de Dios. Somos amados por la sobreabundancia de felicidad que es la Trinidad; somos amados por la sobreabundancia de correspondencia que es el eterno amor del Padre y del Hijo que llamamos Espíritu Santo; somos amados por Gracia.

El parto de María, **el parto admirable de María es la señal física, es la señal carnal de que la salvación**

no viene de nosotros, que la salvación no viene de los sufrimientos, que la salvación no viene del dolor, que la salvación no viene del grito del hombre. La salvación viene por Gracia de Dios. Felicidad infinita por sobreabundancia de felicidad, por sobreabundancia de Gracia". [13]

Es decir, la salvación viene por la iniciativa de Dios; Él viene a salvarnos, no porque nosotros hayamos luchado mucho ni porque la hayamos ganado o la hayamos conquistado, sino que viene a nosotros por sobreabundancia de amor; porque nos ha amado primero. Una señal de eso, dice el autor, es el parto virginal de María: un parto sereno que no podría haberse dado desde la sola humanidad de María. Fue un signo visible de lo alto, como también lo fue su concepción virginal.

¡Dios te llamó!

Dios nos salva llegando hasta nosotros y eso sucederá, una vez más, no porque nosotros lo decretemos sino porque el Señor nos ama y nos invita en su providencia para darnos su gracia, su amor. Él nos convoca.

Me acuerdo de cuando empezamos a hacer retiros, hace años. Los cenáculos, en aquel tiempo, eran como cursillos. Allí solíamos escuchar esta pregunta: "¿Ustedes piensan que han venido a este retiro porque alguien los invitó? ¡No, ustedes vinieron porque Dios los llamó!". Y a mí me parecía que eran palabras un poco grandilocuentes, un poco histriónicas. "¿Será verdad?", me preguntaba. Y la respuesta era: "¡Qué sé yo!" Pero hoy me doy cuenta de que es así y que aquella era una profunda verdad de fe. Él nos llamó.

[13] Cfr. GIACOMO TANTARDINI, 'La Humanidad de Cristo es nuestra felicidad'. Meditación sobre la Navidad. Catedral de Fidenza, 20-12-06. Publicado en http://www.30giorni.it/articoli_supplemento_id_22145_l2.htm

La salvación viene de lo alto, de la iniciativa de Dios en la vida... y vas a un retiro espiritual, o lees este libro porque Él te llamó a estar acá: te amó y te buscó.

Por eso, los invito a que digan su *fiat:* "Hágase en mí". Como la Virgen, con gran disponibilidad en esta primera meditación. "Hágase en mí, Señor, lo que tú quieras concebir en mi vida, lo que tú quieras quebrar, lo que tú quieras purificar, lo que tú quieras que yo entregue. No quiero hacer cosmética sino un trabajo profundo. Si quieres grandes pasos, daré grandes pasos; si quieres que sean pequeños, lo serán... Pero vengo con gran ánimo".

Y después de pronunciar este *fiat*, les propongo que pidan una gracia para su vida espiritual. Una gracia, un don de Dios que estén necesitando: el don de una mayor oración; el don de una castidad más profunda; el don de una confirmación en la vocación; el don de una mayor paz; el don del celo apostólico; el don de una mayor austeridad o pobreza de vida; el don de una amistad más sencilla y humana con los demás; el don de tocar los corazones con la propia vida, con la predicación. Lo que cada uno esté necesitando, pídalo. Después, entreguen su oración allí, a los pies de Jesús, y... ¡déjense conducir por Él!

Por último, los invito también a recapitular el año desde el último retiro anual, bajo la perspectiva de la gracia. Las preguntas que les sugiero que se hagan son las siguientes: "¿Qué es lo que Dios quiso hacer en mí? ¿Qué es lo que pudo hacer en mí?". Pensemos también en aquello que quizás Él no pudo obrar en nosotros porque no encontró la colaboración necesaria.

La Vida en Cristo

Jesús es el nuevo Moisés

En la primera parte del Sermón de la Montaña, el Evangelio dice: *"Al ver a la multitud, Jesús subió a la montaña, se sentó, y sus discípulos se acercaron a él. Entonces tomó la palabra y comenzó a enseñarles, diciendo:…"*.[14] Y empiezan las bienaventuranzas.

Es sabido que en el Sermón de la Montaña Jesús se presenta a sí mismo como un nuevo Moisés, como "el nuevo Moisés" en realidad. Aquel que viene a dar la ley nueva, la alianza nueva y la gracia nueva. Por eso sube a la montaña, como Moisés que hizo lo mismo para recibir las tablas de la ley. Jesús sube a la montaña para dar la nueva ley, para enseñar el estilo de vida cristiano.

Jesús subió a la montaña y se sentó en actitud de enseñar, como enseñaban los rabíes importantes, y sus discípulos se acercaron a Él, subieron hasta donde Él estaba: "Tomó la palabra y comenzó a enseñarles diciendo…"

Este es, de alguna manera, un inicio solemne de su enseñanza: sentarse, acomodarse; sus discípulos, que se acercan y se sientan en la montaña… y entonces Jesús, el Maestro, el que enseña, toma la palabra y comienza a decir todo lo que tiene para decir.

Ser discípulo

Vamos a profundizar un poco en esto… ¿qué significa ser discípulo de Jesús? Significa que se acercan a escuchar su pa-

---

[14] Mt 5,1-2.

labra. Es una enseñanza para discípulos; porque supone un interés por escuchar a Cristo y un esfuerzo por subir a la montaña. No es una enseñanza que Jesús hace en medio de las calles, las plazas o las sinagogas donde había judíos que lo escuchaban porque estaban ahí (aunque también las había). Jesús tenía esas predicaciones misioneras hacia las ovejas perdidas del pueblo de Israel.

Pero esta es una predicación hacia sus discípulos, hacia aquellos que tienen interés en salir de sus casas, subir a la montaña, sentarse y escuchar lo que Él tenía para decir. Esto no es una mera ética o solo una moral, sino una especificación de lo que significa el discipulado: una persona que se ha vinculado con Jesucristo como el maestro y que se ha proclamado discípulo suyo.

Por eso para nosotros el primer paso de la vida espiritual es reconocer a Jesús como maestro: *Él es el que me enseña, yo soy el que aprende; Él es el que me cuestiona, yo soy el que se deja cuestionar; no soy yo el que interpela su enseñanza sino que es su enseñanza la que me interpela a mí. No es la enseñanza de Cristo la que tiene que adaptarse a mi vida sino que es mi vida la que tiene que adaptarse a la enseñanza de Cristo; yo soy el que tiene que ser formado, perfilado, tocado y transformado. Y tengo que aprender, porque no sé vivir así, no lo he aprendido,* no está en mí, por lo menos no está en mí en todos los rasgos de la enseñanza de Jesús.

Entonces, en esta primera meditación me gustaría que se proclamen "discípulos" de Cristo, que vayan a la oración y le digan: "Señor, quiero subir a la montaña en estos días, quiero sentarme, quiero escuchar tu palabra, y me proclamo tu discípulo; tú eres mi Maestro, el que tiene para enseñarme y yo soy el que debe aprender". Pidan esa disponibilidad y esa humildad de los discípulos, que no siempre comprenden todo al punto. El discípulo es aquel que está cerca del maestro. Está cerca y va aprendiendo por lo que el maestro dice, por lo que no dice, por lo que hace, por lo que no hace. El discípulo se va impregnando del maestro.

Nos tomamos un breve momento y nos proclamamos discípulos de Jesús.

El discípulo experimenta una llamada de Jesús. Jesús llama a sus discípulos, no solo a sus apóstoles. Los busca, los llama. Jesús dice en el Evangelio de Juan: *"Nadie puede venir a mí si no lo atrae el Padre que me envió"*.[15] O sea que ser discípulo implica ya haber sido tocado por la gracia de Dios, haber sido "encontrado" por Él como dice san Pablo cuando exclama: *"Me lanzo hacia adelante; no es que encontré a Cristo, Él me encontró a mí"*.[16] He sido encontrado por Él, por eso soy su discípulo; he sido invitado a vivir en esta nueva situación en Cristo Jesús.

Por lo tanto, no podemos vivir las Bienaventuranzas y el Sermón de la Montaña si no es en la gracia de Dios, en la gracia de Cristo, injertados en Él. *No podemos ser discípulos de Jesús solo por un esfuerzo de adaptación exterior, sino que hay una transformación interior que, en un discipulado vivo, se produce, se da.*

El otro día escuché el testimonio de un hombre que trabajó en África, un hombre admirable. Pero en su testimonio él recalcaba: "La figura de Jesús me cautivó, su ejemplo me cautivó, su opción por los pobres me llamó a actuar, me cuestionó". Eran todas referencias a un modelo cuestionador. Me parece bien eso, pero yo pensaba: es insuficiente. Porque no alcanza con esa referencia para explicar la vida del discípulo, ya que también podríamos tomar otros próceres, otras figuras de la historia, y decir: "Me cuestionó la figura de la madre Teresa de Calcuta, su modo de vida me cuestionó". Pero *Jesús es más que eso, es una fuerza interior de transformación.*

El cincel con el cual el maestro va modelando la vida del discípulo, como un escultor, es doble: por un lado tenemos el cincel de la Palabra que nos modela desde afuera, porque cuando vamos a los Evangelios de alguna manera nos confrontamos con Jesús, con sus enseñanzas y con su vida; por otro lado está el cincel del Espíritu Santo que nos modela desde adentro: esa es la gracia de Dios.

---

[15] Jn 6,44.
[16] Cfr. Filip 3,12.

Participación en la vida de Cristo

Me gustaría que nos tomáramos un tiempo para considerar el misterio de *la gracia de Dios, que nos injerta en Cristo* y nos permite ser sus discípulos. Nosotros sabemos que la gracia es una participación de la vida de Cristo, pero quisiera que profundizáramos en esto: ¿Qué significa en concreto que podemos participar de la vida de Jesús?

¿Cómo puedo participar yo de actos, de acontecimientos, de sentimientos que son de otra persona, la persona del Hijo, y que ya han sucedido, que no están más? Actos, acontecimientos y sentimientos sucedidos hace mucho tiempo y además, a lo largo del tiempo. El día a día de su infancia, su juventud, su vida pública, su predicación itinerante, sus actos de amor a los pobres, sus enojos, su entrega, su perdón, su muerte, su resurrección… ¿Cómo puedo yo participar de todas estas cosas que ya han pasado? Y ¿qué significan en concreto?

¿Cómo puedo participar de todos estos acontecimientos a lo largo de mi vida? Porque también nosotros somos personas, sustancias individuales, separadas de otros y separadas de Cristo. Somos sustancias individuales, justamente, individualidad que nos vincula, pero de alguna manera nos separa. Individualidades que vivimos en un tiempo y en un lugar determinados, que tenemos condicionamientos culturales, nuestra historia…

¿Cómo puedo participar de la vida de otra persona que vivió hace dos mil años? ¿Cómo puedo amarlo? ¿Cómo puedo seguirlo? ¿Cómo puedo además participar de la vida de otra persona sin dejar de ser auténtico?

Este no es un interés especulativo, teórico; sino que es muy práctico porque es nuestra vida, es el alma de nuestra vida. Es una pregunta importante para todo cristiano, pero mucho más para nosotros, sacerdotes y misioneros.

Imaginemos por ejemplo a un dentista… ¿Cómo puede participar un dentista de la vida de Jesús que fue predicador itinerante de Palestina? ¿Qué tiene que ver una vida con la otra, más allá de lo esencial, que es imitar la caridad, el amor al prójimo...? *¿Cómo puede participar de la vida de Él, que es más que seguir una enseñanza?* ¿Cómo podría tomar parte de la vida de Cristo yo que soy dentista, que tengo que tomar el colectivo, ir al consultorio...? ¿Qué tiene que ver Jesucristo conmigo?

Nosotros, sacerdotes y misioneros, que pretendemos vivir la vida pública de Jesús... ¿Cómo podemos participar de su vida nosotros que justamente tenemos mucho que ver con Él en lo que hacemos? Nosotros que *queremos ser una prolongación de la humanidad de Cristo...* Sor Isabel decía como "humanidad suplementaria",[17] *como una nueva encarnación de Cristo en el mundo...*

Nosotros podemos participar de la vida de Jesús porque participamos de la gracia de Cristo. Y la gracia de Cristo es la participación de la humanidad de Jesús en su naturaleza divina.

La naturaleza humana de Jesús

Jesús-Hombre –con su inteligencia humana, su voluntad humana, sus sentimientos humanos, sus afectos humanos, con su cuerpo humano– participaba, o sea, tomaba parte, era como traspasado, como bañado, como iluminado por la presencia de la divinidad, del Hijo Eterno del Padre, que era quien asumía su naturaleza humana, sustentándola.

Él participaba de esa cercanía única con Dios en su naturaleza humana; participaba de esa unión hipostática. Y por lo tanto, había como un ida y vuelta constante entre la gracia de Dios que bañaba su humanidad, y su humanidad que respondía a esa gracia de unión con generosidad, con entrega, con fidelidad; un ida y vuelta basado en un diálogo permanente

---

[17] *"Por eso, te pido que me revistas de Ti mismo, que identifiques mi alma con todos los sentimientos de tu alma, que me sumerjas en Ti y que me invadas; que tu ser sustituya mi ser para que mi vida sea solamente una irradiación de tu propia vida. (...) ¡Oh, Fuego abrasador, Espíritu de amor!, desciende a mí para que se realice en mi alma como una encarnación del Verbo. Que yo sea para Él una humanidad suplementaria donde renueve su misterio".* Sor Isabel de la Trinidad, Oración a la Trinidad.

entre su inteligencia humana y su ser Hijo de Dios; entre sus afectos humanos y su ser Hijo de Dios; una correlación perfecta.

La naturaleza humana de Jesús estaba impregnada totalmente del Espíritu Santo. Una y otra vez, desde el vientre de la Virgen, pasando por todos los momentos de su vida, aquellos que conocemos a través del Evangelio, Él recibió distintas unciones... y Él fue respondiendo con su libertad humana a esa presencia de Dios en su vida. Él era Dios, obviamente, de manera que cuando digo "presencia de Dios", me refiero a su naturaleza humana; a cómo la unión de su naturaleza humana en la Persona del Hijo –la unión hipostática– permeaba, inundaba su humanidad completamente, no anulándola sino realzándola. Eso es solo de Él. ¿Cómo habrá sido la oración de Cristo? Solo de Él. Pero lo que sí sabemos es que en Él había una respuesta humana, libre, a la presencia, a la gracia de Dios en su naturaleza.

Eso se fue perfeccionando con el tiempo en Cristo, porque como Él fue respondiendo siempre con fidelidad, eso fue creciendo. Por eso dice el Evangelio de Lucas que *"Jesús iba creciendo en sabiduría, en estatura y en gracia, delante de Dios y de los hombres"*[18]. El vaso de su naturaleza humana se fue agrandando a medida que Él crecía.

Entonces, fue cada vez mayor la capacidad humana de Jesús de acoger la gracia de Dios. Y a la vez, esa respuesta de Jesús, sus actos, sus sentimientos, sus actitudes, fueron no solamente una respuesta a la gracia, sino que también fueron impregnando su propia identidad. A nosotros nos pasa... cada cosa que decidimos, cada cosa que hacemos, de alguna manera impregna nuestra propia identidad; va configurando quiénes somos.

Jesús humanamente fue perfilando una identidad como hombre, a través de toda su vida; y todo eso permanece en Él de algún modo; como en nosotros permanecen de algún

---

[18] Lc 2,52.

modo el niño, el joven, las cosas que hemos hecho. *Somos un poco nuestra historia y somos también nuestro futuro, nuestra llamada.*

El Espíritu nos conecta con la naturaleza humana de Jesús

Participar de la gracia de Cristo es participar de su humanidad, porque esa misma gracia, *esa misma luz que traspasó la humanidad de Jesús, se nos da a nosotros por la acción del Espíritu Santo.*

Es como si tomaras una esponja, que es la naturaleza humana de Jesús, y la empaparas en agua perfumada, que es la gracia de Dios, y después la esponja la derramaras sobre otra persona; es algo así. El agua perfumada es la gracia del Espíritu que empapó la naturaleza de Jesús que es la esponja, y después esa esponja se te pone en la cabeza, y vos sos empapado con esa misma agua que viene de empapar la naturaleza humana de Jesús, y entra en vos.

Entonces vos tenés en tu propia vida una fuente de otro; estás conectado misteriosa y realmente con otra persona, con otra naturaleza humana, con otra inteligencia humana, con otra voluntad humana, con otros sentimientos humanos, con otra vida. *Estás conectado misteriosamente con otra vida por la acción del Espíritu, que quiere insuflar esa otra vida en tu vida.*

Esa otra vida no es una vida teórica, sino que es una vida real ya sucedida, es la vida de Jesús. No es una vida de manual, es una vida concreta. No es que el Espíritu Santo quiere hacerte más bueno, más paciente... No. Quiere hacerte más Cristo, y por eso quiere hacerte más bueno y más paciente.

El Espíritu Santo quiere hacerte más Cristo porque te vincula con Él. Y por eso participamos de su nacimiento, de su infancia, de su juventud, de su amor por los pobres, de su predicación, de su cruz, de su resurrección; todo eso está en nosotros por la gracia del Espíritu Santo.

Por el Bautismo somos "sepultados", dice la palabra de Dios;[19] somos sumergidos en Jesús y transformados en hombres nuevos.

Fíjense en la carta a los Romanos, que dice: *"Comprendámoslo: nuestro hombre viejo ha sido crucificado con él para que fuera destruido este cuerpo de pecado, y así dejáramos de ser esclavos del pecado. Porque el que está muerto, no debe nada al pecado. Pero si hemos muerto con Cristo, creemos que también viviremos con él".*[20]

Y así pueden encontrar muchos textos que hablan de esto: *"Ustedes no están animados por la carne sino por el espíritu, dado que el espíritu de Dios habita en ustedes. El que no tiene el espíritu de Cristo no puede ser de Cristo",*[21] dice san Pablo.

Así de simple: no podés ser discípulo de Cristo, no podés ser de Él, si no tenés el Espíritu de Cristo. *"Pero si Cristo vive en ustedes, aunque el cuerpo esté sometido a la muerte a causa del pecado, el espíritu vive a causa de la justicia. Y si el Espíritu de aquel que resucitó a Jesús habita en ustedes, el que resucitó a Cristo Jesús también dará vida a sus cuerpos mortales, por medio del mismo Espíritu que habita en ustedes".*[22]

Cristo me integra a sí

Ese amor a Cristo y de Cristo hacia mí es posible por la gracia del Espíritu que me comunica esa vida realmente, a través de los sacramentos, especialmente cuando comulgo. Comulgar es la expresión física de esto más tangible: *cómo el cuerpo de Cristo y Cristo me integra a sí*; pero todos los sacramentos y las gracias actuales comunican. **La gracia que nosotros recibimos es una especie de síntesis de la vida de Cristo que se puede desplegar; está allí como condensada, pero se despliega después en mí.** Es como si yo pudiera agarrar la vida de una persona:

---

[19] Cfr. Rom 6,4-6.
[20] Rom 6,6-8.
[21] Rom 8,9.
[22] Rom 8,10-11.

la condenso, la condenso, la condenso... y ese concentrado se lo doy a otra persona, y eso puesto en agua, de nuevo crece en la persona que la recibe.

Algo así pasa con Jesús... se nos comunican todos los misterios de su vida, y eso después va desplegando su fuerza. Los misterios de la vida de Cristo están vinculados con los tiempos litúrgicos; y su gracia se despliega en consonancia con los ritmos de la Iglesia; por eso hay Pascua y Navidad.

Ese vínculo real de amor va configurando a esas dos personas, las va haciendo similares. Un poco lo que pasa con las personas que conviven y se quieren, y que yo descubro en mí: "Acá parezco el padre Pablo"; "Acá parezco el padre Willy", "¡Pero no, parezco Christian en esto que digo!". Ellos ya son parte de mí.

La convivencia, los objetivos compartidos, la amistad... van dando un aire común y hay cosas que ya no sabés de dónde vienen, pero están en vos y son parte tuya, de tu propia identidad. Y te pasará a vos: "Me doy cuenta de que ya tengo actitudes que son de la SSJ y que ahora son mías, ¿no?" Y no lo vivo como una especie de alienación, sino como un crecimiento en mi identidad más profunda porque he sido llamado a esto; es mío, es una segunda naturaleza. Pasa también entre los miembros de una familia, un *aire común* del cual se enorgullecen, si los vínculos son sanos.

Bueno así nos pasa con Cristo. Por eso, ***nuestra espiritualidad es la vida en Cristo, es vivir en Él, es crecer en la vida en Cristo hasta alcanzar la madurez, la estatura a la cual yo he sido llamado.*** San Pablo dice: *"Así organizó a los santos para la obra del ministerio, en orden a la edificación del Cuerpo de Cristo, hasta que todos lleguemos a la unidad de la fe y del conocimiento del Hijo de Dios, al estado del hombre perfecto y a la madurez que corresponde a la plenitud de Cristo"*.[23] Es una madurez en Cristo que es personal, de cada uno de nosotros, a la cual hemos sido llamados.

---

[23] Ef 4,12.

Esto que me pasa a mí, le pasa también al dentista; el dentista ha sido llamado a una madurez en Cristo; él también, si es cristiano, participa de la naturaleza humana de Jesús.

¿Cómo se sintetiza la vida de Jesús, que fue tan distinta, con la vida de un dentista? Y... esa es la vocación de él; esa es la síntesis que solo él puede hacer. Por eso, *cada uno de nosotros refleja la vida de Cristo de un modo único,* como los caireles de una lámpara; cada espejito refleja la luz y la expande de un modo distinto. Por eso *nadie es reemplazable, estrictamente hablando. Somos únicos e irrepetibles.* Cada uno tiene su propia vocación, justamente: la del dentista consistirá en reflejar a un dentista cristiano o a Cristo dentista. Decía San Alberto Hurtado: *"Jesús quiere tener acciones en su cuerpo místico que no tuvo en su cuerpo mortal: quiere ser soldado, aviador, madre, universitario, envejecer, enfermar de cáncer, ser andinista, enseñar a un hijo... ¿Cómo? En nosotros y por nosotros, que vivimos su vida obrando bajo su impulso".*[24]

Pero es un camino más en oblicuo. En cambio nuestra vocación es más lineal: nosotros, los sacerdotes, estamos llamados a reflejar a Cristo predicador, a Cristo itinerante, a Cristo misionero, a Cristo célibe, a Cristo pobre; es más clara la semejanza. El vínculo es más fuerte porque la vida de Cristo fue así; Jesús fue predicador, fue misionero.

Recuerdo que cuando cumplí 34 años me dio una cierta tristeza. "Jesús nunca tuvo 34 años –pensé–. ¿Y ahora? ¿Cómo será reflejar la vida de Jesús que no tuvo 34 años? ¿Llegará la gracia de Dios hasta acá o me quedaré sin ella? Capaz que a partir de los 34 caigo en el vacío..."

Pero no. La gracia de Dios se despliega en mi propia vida. *Jesús quiere tener en su cuerpo místico acciones que no tuvo en su vida mortal, Jesús vivo, Jesús resucitado.* Jesús no tuvo 44 años como tengo yo, pero los quiere tener en mí. De modo

---

[24] HURTADO ALBERTO S.J., *Un disparo a la eternidad. Retiros espirituales predicados por el padre Alberto Hurtado, S.J.,* Ediciones Universidad Católica de Chile, Santiago de Chile, 2002, p. 131.

que yo hago cosas aún mayores, de alguna manera. Jesús dijo: "Harán cosas aún mayores".[25] Es decir, harán cosas que yo no hice: "Irán por todo el mundo",[26] por ejemplo, a predicar el Evangelio. "Se tomarán un avión, usarán internet", etcétera.

Por eso, la espiritualidad es *vivir en Él*, que Él viva en mí hoy, estar unido a Él por la gracia del Espíritu. La espiritualidad es la racionalidad del hombre traspasada por el Espíritu Santo; que hace que yo pueda vincularme con Dios, con el mundo, conmigo mismo y con los demás... en Cristo.

La Vida Espiritual nos injerta en el corazón de Cristo

En Filosofía se estudia que el ser humano es espiritual por naturaleza (con minúscula); es espiritual porque tiene inteligencia y tiene voluntad. ¿Estamos de acuerdo?

Y porque es espiritual tiene "mundo" –en lugar de "mundo circundante"[27]– si está abierto a la totalidad de las cosas, porque se pregunta por la totalidad... Bueno, la inteligencia en potencia es capaz de abarcar la totalidad de las cosas y por la voluntad es capaz de amar; entonces el ser humano no está limitado como los animales por sus intereses vitales, sino que va más allá de ellos y se relaciona con la totalidad de las cosas; por lo menos en potencia. Por eso es espiritual.

Por eso, *la Vida Espiritual es esa condición espiritual del hombre injertada en Cristo. Es la vinculación con la totalidad de las cosas "desde y en" el corazón de Cristo.* Por eso decimos que la nueva situación nos hace hijos del Padre, hermanos de los hombres, nos salva y nos da una misión hacia el mundo. O sea, transforma todos nuestros vínculos para injertarlos en Cristo Jesús.

---

[25] Cfr. Mt 14,12.
[26] Cfr. Mt 28,19.
[27] Cfr. Josef Pieper, *El Ocio y la Vida Intelectual*, RIALP, Madrid, 2003, p. 124.

La Vida Espiritual crece y se profundiza cada vez más… Estamos llamados a crecer en esta inserción. Somos invitados a participar en esta dinámica de la gracia, a colaborar con ella. **La santidad es dinámica, va creciendo. No es lo mismo cuando yo me ordené de sacerdote que ahora, no es lo mismo.** Hay una humanidad que creció, que se expandió al golpe del impulso del Espíritu Santo. Lamentablemente no fue todo crecimiento, habrá habido algún retroceso, seguramente. Pero, sumando y restando… hubo crecimiento, yo lo siento así. Y creo que eso es lo natural de la vida cristiana, así va sucediendo.

Por eso, la espiritualidad que nosotros vivimos y fomentamos es muy simple, esencial; simple en el sentido esencial al anuncio del cristiano, vivir en Él; es conectarnos con Cristo.

Estamos conectados si vivimos en gracia de Dios, pero la colaboración nuestra en esa conexión es libre. Conectar con Cristo en mí es un ejercicio: "Señor, tú estás en mí, yo estoy en ti". "Esto es lo que yo haría con mi hombre viejo, en cambio esto otro es lo que tú quieres hacer en mí". Así enseguida uno aprende a conectar con esa fuente interior *"que salta hasta la vida eterna"*.[28]

Es como si en nuestro corazón hubiese dos puertas, dos esclusas de un dique: una se abre al hombre viejo y la otra se abre a Cristo, en cada situación; y a veces, mitad y mitad.

Tengo por ejemplo que ponerme a estudiar: me pongo a estudiar como un hombre viejo o me pongo a estudiar desde Cristo en mí. Quizás el que observa exteriormente no nota ninguna diferencia, o quizás sí; pero interiormente hay una diferencia: estoy en Cristo estudiando o estoy estudiando solo; estoy hablando con esta persona en Cristo o le estoy hablando solo; y así en muchas situaciones.

Supongamos que estoy volviendo en tren desde el centro Buenos Aires, de noche, y experimento un ambiente un poco sórdido; es algo que puede sucedernos a menudo. Bueno,

---

[28] Cfr. Jn 4,14.

puedo hacer ese viaje solo o puedo hacerlo en Cristo. Hay un momento en que uno dice: "Señor, vos querés viajar acá en mí, vos querés ser presencia viva en mí, en este lugar, hoy. ¿Cómo puedo yo viajar con vos, conectar con vos, que estás en mí? Y de algún modo amar a estas personas, aunque quizás no pueda hacer nada por ellas; pero lo que sí puedo hacer es *dejar que tu humanidad impregne mi humanidad en este momento". Entonces abro la puertita, sale el agua del dique y va irrigando el campo de mi inteligencia, mi voluntad y mis sentimientos de ese momento.*

Y así es como me transformo en Cristo, ¿comprenden? Sin embargo, no siempre abrimos el dique; no siempre permitimos que esa agua irrigue toda nuestra humanidad. Hay que abrir el dique una y otra vez. La conexión está, pero como los campos cambian mucho, porque nosotros vamos cambiando y vamos viviendo situaciones diferentes, es muy importante que Cristo vuelva a irrigarnos. Son todas imágenes muy limitadas de un misterio profundo e insondable, pero creo que ayudan a acercarnos a él.

El discernimiento

Por eso es muy importante el discernimiento. Entre el bien y el mal no hay mucho discernimiento que hacer, está claro. El bien hay que hacerlo, el mal hay que evitarlo; esa es la sindéresis. Pero *entre el bien y el bien, hay que discernir:* "¿Qué es lo que el Señor quiere hacer en mí?" "¿Tengo que hablar con esta persona o tengo que hablar con la otra?" No hay ninguna regla moral que me diga qué hacer, pero el Señor quiere hacer algo en mí, quiere hablar con uno y no con el otro, o hablar con los dos.

El discernimiento es la capacidad de abrir la esclusa, dejar que el agua corra, y ver para dónde corre el agua. Vieron que cuando el agua corre, tiene un cauce... ¿Para dónde va el cauce del agua del Espíritu en mí? ¿Hacia dónde quiere el Señor llevarme? Ese es el discernimiento.

Hay criterios interiores y criterios exteriores de discernimiento. Un ejemplo de criterio interior se obtiene respondiendo a estas preguntas: "Si hago esto, ¿qué fruto va a tener?" "¿Siento paz o no siento paz respecto de esto?" "Me pongo en oración y ¿qué experimento que Cristo quiere hacer en mí?" Otros criterios, como dijimos, son exteriores. ¿Qué dice la Palabra de Dios? ¿Qué dicen las Constituciones? ¿Qué dicen los superiores? ¿Qué dice el Obispo? ¿Qué dice el director espiritual? ¿Qué enseña la Iglesia? Son discernimientos que me ayudan a ver por dónde va el agua en cada situación.

Uno va aprendiendo con el tiempo a hacerlo rápidamente; no es que uno tiene que ponerse con una grilla de ingeniero, sino que va haciéndolo cada vez más rápido. El Señor nos va enseñando cuáles son las actitudes que Él quiere vivir en nosotros, porque *Él habla; no juega a las escondidas: habla, impulsa, hay un movimiento real desde Él hacia nosotros.*

A veces ese impulso de la gracia nos lleva a morir a nosotros mismos, a nuestro hombre viejo. No siempre es como el agua que corre serenamente por el campo. A veces hay cataratas del Iguazú; entonces hay saltos cualitativos, hay quiebres, hay muertes y resurrecciones. San Pablo lo dice muchísimo: *"Castigo mi cuerpo".*[29] Cuando él habla del cuerpo, habla del hombre viejo. "Castigo para que Cristo viva en mí", porque hay una resistencia a esa gracia.

No puede haber santidad en Cristo sin sufrimiento, sin cruz. Porque en el hombre viejo, los campos que tienen que ser irrigados no son campos tan fértiles; hay que agarrar pico y pala muchas veces para que el agua entre. Hay muerte: "Soy egoísta, soy carnal, soy ventajero, soy soberbio, soy orgulloso, soy vago, soy vanidoso". Bueno, para que eso se transforme en Cristo... no es todo tan sereno, a veces hay que romper, pasar por cruces y sufrimientos, dar saltos y forzar las cosas un poco.

---

[29] 1 Cor 9,27.

• La Vida en Cristo – Ejercicio Espiritual

Les voy a proponer ahora algunos ejercicios espirituales.

1. El primero es que tomen el Evangelio de San Juan –capítulo 15, versículos 1-11– y hagan una contemplación de esa vid, de esos sarmientos; que hagan una lectura orante con eso. Lean despacio y vayan pronunciando las palabras: *"El que permanece en mí y yo en él, da mucho fruto"*. Utilicen la imaginación, los afectos.

Y pidan esa gracia de permanecer siempre en Él, injertados en Él. Den gracias por esa llamada a ser discípulos; a subir a la montaña, a sentarse y a escuchar su palabra; unidos a Él, no sólo desde afuera, sino también desde adentro.

También pueden tomar el Himno a los Filipenses. Dice en el Capítulo 2: *"Tengan los mismos sentimientos que Cristo Jesús"*. En griego es *froneite*, que viene de *"fren"*, que alude a la mente. Y "mente" en griego significa: razón, voluntad y sentimiento de corazón, todo junto. Se podría haber traducido: "Tengan la misma mentalidad que Cristo Jesús"; pero mentalidad para nosotros suena muy racional ¿no? Es más que eso; es mentalidad y sentimientos, y corazón. Es el mismo *"ethos"*; el mismo corazón podría decirse, pero no hay una palabra exacta. Tal vez "corazón" suena demasiado sentimental. La *North American Bible* traduce "actitud".[30]

A mí la palabra "sentimientos" no me gusta mucho. "Tengan los mismos sentimientos" me suena un poco pobre para traducir esa palabra. Preferiría "Tengan la misma visión, la misma racionalidad". No sé cómo se podría decir; pero incluye todo eso.

Ese es el resultado de la vida en Cristo: tener sus mismos sentimientos. Después san Pablo los describe: *"Él, que era de condición divina, se hizo servidor de todos, asumió la muerte en*

---

[30] *"Have among yourselves the same attitude that is also yours in Christ Jesus"*.

cruz; después Dios lo exaltó".[31]. De alguna manera tu vida va a ser una parábola de eso; una copia de ese himno, si querés tener la misma mentalidad de Cristo Jesús. Y después del himno, sigue explicitando un poco más la obra de la salvación y la explica un poco más.

He sido invitado a ser parte de esta vid, he sido injertado en Cristo, he sido salvado. Y esto, no por mí sino por un designio, cómo decíamos; un designio de amor predilecto, una llamada: "Yo, Iván, he sido llamado personalmente a esto por Cristo Jesús. En su providencia, Dios me llamó, me amó a mí, me llamó a mí".

El otro día leí un texto de Benedicto XVI que decía *"La fe es creer en este amor de Dios".*[32] ¡Me conmovió tanto! Esa frase solamente, una frase simple que mil veces hemos escuchado, me conmovió porque es verdad: hay que tener fe en el amor de Dios, en que Dios me amó y *me llamó a estar injertado en su Hijo, a vivir ahí, en el corazón de Cristo.* Me rescató de donde yo estaba y me puso en el corazón de su Hijo; y me injertó ahí con una vida nueva.

¡No solamente eso! Me llamó a ser sacerdote; me llamó a ser la imagen de su Hijo para que Él fuera el Primogénito entre muchos hermanos.[33] Y también está en Colosenses.[34] Jesús quiere ser el primogénito entre muchos, a través de tu vida entregada. ¿Primogénito de cuántos? ¿A cuántos salva cada sacerdote? Mil almas, dice el libro que leímos hace un tiempo.[35] Cada sacerdote a lo largo de su vida influencia por lo menos a mil personas… Yo creo que a muchas más. Cristo quiere ser el primogénito de mil, por lo menos. Pero para ser el primogénito necesita que muramos y que Él viva en nosotros.

---

[31] Cfr. Filip 2,5ss.

[32] Benedicto XVI – '*El Año de la fe. ¿Qué es la fe?*' - Audiencia General 24 de Octubre de 2012

[33] Cfr. Rom 8,29.

[34] Cfr. Col 1,15-20.

[35] Cfr. Fr. BRETT BRANNEN, *To Save A Thousand Souls,* Ignatius press, San Francisco, 2010.

2. En segundo lugar, tomen Gálatas 2,20 cuando san Pablo dice: *"Ya no soy yo el que vive sino Cristo que vive en mí"*. Antes dice: *"Yo estoy crucificado con Cristo (…) La vida que sigo viviendo en la carne, la vivo en la fe en el hijo de Dios que me amó y se entregó por mí"*. ¡Frase fuerte esa! *"Ya no soy yo el que vive sino que es Cristo el que vive en mí"*… Pidamos la gracia de poder hacer carne en nosotros la frase de San Pablo.

Ya un ser nuevo se ha hecho presente, como también dice san Pablo. *"El que vive en Cristo es una nueva criatura: lo antiguo ha desaparecido"*.[36] Ya pasó, ya fue. **Estar dispuestos a soltar esa identidad antigua no nos es tan fácil; pero ahora hay algo nuevo en mí, que es Cristo en mí.** San Pablo dice: "Ya no conozco a Cristo en la carne".[37] **No es el estudio de una vida: es algo nuevo que hay en mí.**

Entonces, enfoquémonos en detectar los signos de que vamos viviendo en Cristo. Tratemos de rastrearlos; si quieren, después de esta meditación más contemplativa pueden hacer un trabajo un poco más ascético…

¿Hay impulsos que no nacerían de mi modo natural de ser? Es decir: ¿hay actitudes en las que ya reconozco que no soy yo sino que es Cristo que vive en mí?

¿Hay algo que haya roto mi molde natural? ¿O sigo siendo mi hombre viejo? ¿Reconozco algo sobre lo que pueda decir, por ejemplo: "Éste no es Marcos; es Cristo en Marcos? Porque Marcos nunca hubiera hecho tal cosa, nunca hubiera dado tal paso". ¡Seguro que sí!

¿Cuáles son esas cosas en las cuales ya no reconocés al hombre viejo, sino al hombre nuevo en Cristo Jesús? Pasos que hayas dado aún a costa de renuncias a ciertos valores, incluso buenos, que desbalancean el conjunto.

---

[36] 2 Cor 5,17.
[37] Cfr. 2 Cor 5,16.

Cuando vas creciendo en la vida espiritual, hay cosas que son buenas, pero sobre las que te das cuenta que ya no van más, que eso "ya fue"; que es antiguo. Y que en Cristo esto no tiene más cabida; aunque se trate de algo bueno en sí mismo... no va.

Cuando crecés espiritualmente la vida se va unificando: podés ser muy intelectual, muy afectivo, muy eficiente, intimista, hiperactivo, tranquilo. Dependiendo de cómo seas, vas a ir descubriendo en vos diferentes cualidades... Por ejemplo, si sos muy intelectual, tal vez descubras un interés por la acción que no está en vos; y te das cuenta de que es de Cristo. Si sos un poco hiperactivo, registrarás un interés por la reflexión que no viene de vos sino de Cristo en vos. Y así el conjunto se va equilibrando en un *"ethos"* nuevo que es de Cristo.

Eso se ve mucho en la formación: "¡Cómo creció esta persona!"; "¡Cómo va completando lo que no tenía! Y lo que tenía lo va realzando, va creciendo". O ves que no; que la persona va para atrás; que no hay mucho fruto porque no logra avanzar; eso puede tener muchas causas distintas.

La vida se va unificando... Ese es un signo de vivir en Cristo, sobre todo para nosotros que intentamos seguirlo literalmente.

El otro día vimos un partido de fútbol de la selección, les habrá pasado a ustedes, la verdad es que mucho no nos importó el partido; es divertido ver un partido y dispersarse un poco, pero es como que ya vas perdiendo interés, ¿no? Si estabas enloquecido por el partido dos días antes, es mal signo; porque es como que no te vas unificando en Cristo; es como que tus intereses no se van cristificando... Al final fuimos a verlo, pero si no hubiéramos podido, nadie se hubiera angustiado mucho. Bueno, eso es un buen signo de que nos vamos unificando en Cristo. Crece el amor a Cristo y la confianza en Él.

Hace tiempo Sister Bernadette dijo: "Cuando uno dice «Jesús, en vos confío», está diciendo también: «Jesús, unido a vos confío en el Padre»". Es como decir: "Injertado en vos, Jesús, me confío a Dios, me confío al Padre". Y esa es una excelente forma de crecer en la oración.

LAS BIENAVENTURANZAS Y EL MENSAJE

Un mensaje que refleja el rostro de Cristo

A lo largo de la historia surgieron problemas con la interpretación del Sermón de la Montaña. Sobre todo teniendo en cuenta la radicalidad de algunas de sus afirmaciones, muchos las cuestionaban y se preguntaban: ¿Hasta dónde nos lleva esto si lo tomamos en serio, *si hay que poner siempre la otra mejilla, si hay que caminar siempre un kilómetro más?*

El cuestionamiento no estaba dirigido solamente al Sermón de la Montaña, sino también a otras enseñanzas similares en el Evangelio que no están en este pasaje, pero que van en consonancia con él. Y la verdad es que, si bien es difícil de sintetizar el Sermón de la Montaña en una sola idea, sí podríamos hablar de un perfil, un *"ethos"*, una especie de música que surge de la lectura de estos textos, que es el rostro de Cristo, y que presenta un desafío para ser aceptado y experimentado en la propia vida.

Hay un combate interior, un hombre viejo que se resiste a abrazar el rostro de Cristo reflejado en las bienaventuranzas como el camino propuesto personalmente a cada uno. Jesús dice *"yo soy el camino"*;[38] hemos de caminar por Él para llegar al Padre, y ese camino es su humanidad, moldeada en las bienaventuranzas y en el Sermón de la Montaña. No hay otro camino que su humanidad, con todos sus rasgos específicos, que son de Él, pero también son nuestros.

Por eso pienso que a todos nos puede suceder alguna vez que sintamos una rebelión interior contra el Sermón de la

---

[38] Jn 14,6.

Montaña y sus enseñanzas. Que no queramos ser pobres, ni mansos, ni misericordiosos, ni puros, ni perseguidos, sino al revés, completamente al revés. Que queramos ser poderosos, brillantes, admirados, alabados, fuertes, pasar por encima de los demás; y que sintamos una fuerte tentación por ser diametralmente lo contrario al camino propuesto en las bienaventuranzas. Nuestro interior se puede poner en pie de guerra frente a *este programa que es esencia del Evangelio.*

Incluso a veces esta tentación puede estar aventada por aquel que tentó a Jesús en el desierto, y *"le mostró en un instante todos los reinos de la tierra, y le dijo: «Te daré todo este poder y el esplendor de estos reinos, porque me han sido entregados, y yo los doy a quien quiero. Si te postras delante de mí, todo esto te pertenecerá»".*[39] Puede presentarse de una manera violenta y repentina, inesperada. *Satanás no puede entender el Sermón de la Montaña; le parece un disparate y además, lo desprecia.* Desprecia esta enseñanza y desprecia a todo aquel que quiera vivir esta enseñanza. Desprecia a Jesucristo a la vez que le teme. Y desprecia al hombre.

¡Qué importante, al tomar conciencia del origen de esta tentación, es reaccionar con determinación: "¡Apártate de mí, Satanás!"; no ponerse a dialogar, sino buscar luz en la enseñanza de Cristo, que es como roca sobre la cual se puede edificar la casa de la propia vida.[40]

Por eso, en primer lugar me gustaría decirles que ni el Sermón de la Montaña ni las Bienaventuranzas que lo inauguran son programas para pusilánimes. No estamos hablando de personas débiles como sus destinatarias. *No es una enseñanza débil ni para débiles. Muy por el contrario, se requiere mucha fortaleza y amor para aplicarla, además del don de Dios.*

Esta enseñanza abraza el sufrimiento, practica la castidad como un amor fuerte, soporta las persecuciones con alegría,

---

[39] Lc 4,6-7.
[40] Cfr. Mt 7,24-27.

porque tiene puesta su mirada en un Reino que es más elevado; se conquista tras un duro combate y sólo con la gracia de Dios. No es para pusilánimes sino para magnánimos. No se riñe con el liderazgo, sino que purifica la raíz del liderazgo y lo pone al servicio del seguimiento de Cristo.

En el fondo, el rechazo al Sermón de la Montaña es el rechazo a Jesucristo. Y el mundo rechaza a Jesucristo; o porque no lo entiende, o porque lo considera utópico o inaplicable o débil. Una vez una persona me dijo: "Mi problema con el cristianismo no es ético sino que es estético. No lo comprendo; prefiero la guerra, la lucha política, la lucha que premia al más fuerte".

Pero el mundo no es más fuerte; en todo caso es más violento, pero no es más fuerte. *No es lo mismo fuerza que violencia. Jesús es muy fuerte y sin embargo no es violento. Es pacífico, trabaja por la paz. Fuerte es el que crea; violento es el que destruye. Fuerte es Dios.*

La Nueva Situación de cara al Sermón de la Montaña

Como recordarán, hace un tiempo les pedí unos trabajos previos al retiro. Comparto ahora con ustedes algunos extractos de unos trabajos que recibí de los misioneros. ¡Me gustaron mucho!

El primero vincula el Sermón de la Montaña con la Nueva Situación y dice:

"El que ha descubierto la Nueva Situación se transforma en luminaria para los demás; por eso no debe esconderse. Debe salir a iluminar, a anunciar con su vida. Esto es lo que se ve en las personas que han encontrado hondamente a Cristo. Se descubre el espíritu de la Ley, y no se sigue la Ley por la Ley como una carga, sino que se cuenta con la gracia que supera la Ley y va más allá de ella: uno se encuentra con el amor de Dios que mueve a dar respuesta de amor y que supera a la Ley.

Y es capaz incluso de amar a los enemigos, capaz de perdonar, de entender a aquel que lo persigue. La Nueva Situación te permite ver más allá de vos mismo y tus sentimientos; te sana porque te sabés hijo amado del Padre, llamado a estar con Él y configurarte con Él. El que descubrió la Nueva Situación también sabe ser generoso.

La conversión también llega al bolsillo, llega a lo que se es y a lo que se posee; no para ser visto por los demás sino justamente para la gloria de Dios. Descubre el gusto y el poder de la oración, llama a Dios «Padre», aprende a ser abnegado, a ayunar, le encuentra el sentido al sacrificio. **El rostro de la persona en la Nueva Situación es más luminoso. Incluso la mirada y las facciones se transforman".**

Todo esto está inspirado en el Sermón de la Montaña. Sigo citando:

"... confía en la providencia, confía en el poder de la oración, ha tenido experiencia de ella, es capaz de liberarse de antiguos vicios y costumbres que no lo ayudan a vivir mejor la fe; sabe entrar por la puerta estrecha; abandona también ídolos y falsos profetas. Tiene más conocimiento de la fe, tiene más capacidad de reconocer lo verdadero y bueno por los frutos, medita la palabra, comienza a vivir una vida basada en valores evangélicos, acude a Dios a través de las obras, hace obras de misericordia. No deja de asombrarse de las enseñanzas de Jesús; sigue a Jesús como Maestro, que es cercano y que tiene autoridad".

Todo eso junto da como resultado una música, un estilo cristiano de vida que acá está muy bien resumido y que vale la pena celebrar.

El Sermón de la Montaña tiene una fuerza extraordinaria. Quien se decide a vivir esas tres páginas, esos tres capítulos, del cinco al siete, encuentra ya perfilada toda la enseñanza de Cristo sobre el estilo de vida cristiano.

Santos y únicos

Vuelvo a la pregunta que surge a raíz de los cuestiona-
mientos al Sermón de la Montaña: ¿Se puede vivir según esta
enseñanza o es una utopía, algo hacia lo que vamos pero que
nunca alcanzaremos?

La Iglesia y los santos nos enseñan que las Bienaventuranzas se pueden vivir. Jesús nos enseña que se pueden vivir porque Él las vivió radicalmente y los santos también. *Los santos
son aquellos que han vivido estas Bienaventuranzas y las han
aplicado en contextos muy distintos. La Madre Teresa de Calcuta vivió el Sermón de la Montaña así que... poder, se puede.*

En nuestra diócesis de Cruz del Eje, por ejemplo, tenemos
el ejemplo de San José Gabriel del Rosario Brochero, el "Santo
Cura Brochero".[41] Los rasgos distintivos de su vida están muy
bien presentados en la oración que todos rezábamos para pedir su canonización:

*"Señor, de quien procede todo don perfecto, tú (...) lo escla-
reciste por su celo misionero, su predicación evangélica y una vida
pobre y entregada."* Destaca su deseo ardiente de llegar a los
que estaban lejos, por distintas razones; su predicación profunda, sencilla, adaptada a sus oyentes,[42] como Cristo, y su
vida hecha ofrenda total al rebaño que le fue confiado. Su vida

---

[41] En el santuario de *Nuestra Señora del Tránsito*, en Villa Cura Brochero, Argentina, he tenido la gracia de recibir la ordenación sacerdotal,
y también muchos de los sacerdotes de la SSJ; junto a los restos de
Brochero.

[42] "[...] voy a dar dos misiones con la que principio mañana en el Ingenio Santa Ana. Pero lo que quiero contarle es el texto con que rom-
pí en la primera misión: este fue una vaca negra, que estaban viendo
todos los oyentes. Dije, que así como esa vaca estaba con la señal y
marca del Ingenio llamado la Trinidad, así estábamos señalados, y
marcados por Dios todos los cristianos; pero que Dios no marcaba en
la pierna, ni en la paleta, ni en las costillas, sino en el alma, y que Dios
no señalaba en las orejas, sino en la frente, porque la señal de Dios
era la santa cruz, y que la marca de él era la fe, y que esta la ponía en
el alma." Carta a Guillermo Molina, 1901.

evangélica, totalmente inspirada en el Sermón de la Montaña, es un reflejo vivo, en el contexto del oeste cordobés de fines del siglo XIX y principios del XX, de la vida de Jesús. Así son los santos. Y por lo mismo son tan abundantes los frutos de la vida del Cura Brochero todavía hoy, humanos y cristianos.

En una carta a otro sacerdote, Brochero describe cómo deberían ser sus ayudantes, si le fueran enviados: los quiere desprendidos, pobres, atentos a la vida espiritual, celosos con el rebaño, delicados con la gente, tanto más cuanto más humildes sean. Se con claridad el eco, la armonía, entre el texto de esta carta y los capítulos 5 al 7 del Evangelio de Mateo:

"[...] El Cura procurará que sus cosas sean también de los ayudantes, esto es, verá de no reservarles nada de lo de él [...] Los ayudantes le avisarán al Cura Brochero lo que les parezca mal en el trato con ellos o con los feligreses o con las personas particulares, para enmendarse de dicho mal o darles la razón de su proceder [...] [Los ayudantes] han de hacer cada mes un día de retiro junto con el Cura y se han de confesar cada 8 días a no ser que la distancia u otra circunstancia impida esa frecuencia, pero se hará a la mayor brevedad, de suerte que no pase de quince a veinte días. El Cura les dará ejemplo en esa línea confesándose ya con el uno ya con el otro [...] Cuanto sean más pecadores o más rudos o más incivilizados mis feligreses, los han de tratar con más dulzura y amabilidad en el confesionario, en el púlpito y aún en el trato familiar. Y si encuentran algo digno de reto, que lo avisen al Cura para que él reprenda a fin de que los feligreses no se resientan con los ayudantes sino con el Cura, porque ya sabe él cómo los ha de retar [...] que harán los entierros y funciones [...] por algo menos que el arancel, porque así se gana más plata y [se gana] más fama de desinteresado [...] que ayudarán al Cura a confesar sanos a derecha e izquierda; y pueden predicar cada vez que quieran y puedan, porque oyentes tendrán siempre."[43]

---

[43] Carta al Pbro. Filemón Cabañillas, 1884.

Por haber nacido en su diócesis y haber crecido a su sombra, queremos en la SSJ tenerlo como intercesor y modelo, sobre todo en los rasgos enumerados en la oración citada.[44]

Todos los santos –cada uno a su modo y en situaciones muy diferentes– vivieron las Bienaventuranzas inspirados en Jesús y movidos por el Espíritu. Como dice C. S. Lewis,[45] los santos son todos distintos, no todos iguales. El mundo sí es repetitivo; y los pecados también son todos iguales.

Ya lo van a ver cuando sean sacerdotes y reciban gente que va a confesarse con ustedes. La gente dice: "¡No, padre, para que usted me confiese a mí va tener que tomarse tres días!". Y uno piensa –y hasta les dice–: "¡Uh, dale, vení, no me vas a sorprender!". Ojalá me sorprendiera, pero no. Son todos muy parecidos los pecados del ser humano. Más allá del pecado original, no son muy originales nuestros pecados. Más bien son bastante previsibles...

En cambio, las virtudes son todas distintas. A medida que vamos creciendo en las virtudes, las personas nos vamos diferenciando unas de otras. Los cristianos también atravesamos este proceso, y nuestro desafío –un desafío al que nos convoca Cristo personalmente– es hacerlo siempre en consonancia con este Sermón, con esta enseñanza suya.

La Escritura dice, por ejemplo: *"Amen con sinceridad. Tengan horror al mal y pasión por el bien. Ámense cordialmente con amor fraterno, estimando a los otros como más dignos. Con solicitud in-*

---

[44] En la primera página de nuestras Constituciones se lee: *"Es la Iglesia la que evangeliza a través de nuestro apostolado. Ella misma es un Evangelio. En efecto, evangelizar es un acto eclesial y representa la fe de la Iglesia universal. Se trata de que anunciemos a Cristo con la fe de María, con la fe de Pedro y Pablo, de Atanasio y de Jerónimo, de Agustín y de Francisco de Asís, de Teresa de Jesús, de Toribio de Mogrovejo, de Felipe de Neri, del Cardenal Newman, del Cura Brochero y de todo el Pueblo de Dios. Dios quiere regalar el don de la fe por la mediación de la Iglesia en cada uno de nosotros".*
[45] *"How monotonously alike all the great tyrants and conquerors have been: how gloriously different are the saints."* C. S. LEWIS, Mere Christianity, libro cuarto, capítulo 11.

cansable y fervor de espíritu, sirvan al Señor. Alégrense en la espe-ranza, sean pacientes en la tribulación y perseverantes en la oración. Consideren como propias las necesidades de los santos y practiquen generosamente la hospitalidad. Bendigan a los que los persiguen..."[46] y sigue. Es el Sermón de la Montaña en otro tono.

Así que *el Sermón de la Montaña es para vivirlo... Lo po-dés vivir en la medida en que lo hayas recibido. Y lo recibís... para empezar a vivirlo.*

Las Bienaventuranzas y el Reino

Cuando prediqué este retiro a los sacerdotes, me mandaron sus trabajos también... Por ejemplo, el P. Rodrigo me escribió:

"Todas las Bienaventuranzas no son posibles si an-tes no hay Reino. El Reino es primero, ellas son su con-secuencia. Y tal vez por ellas lleguemos a comprender lo que es el Reino. El Reino es la vida de Dios recibida en nosotros, mediada por nuestro interior."

Las Bienaventuranzas no son posibles si antes no hay Rei-no, si no hay Reino en nosotros. Recibimos el Reino, y por eso las podemos vivir.

Les propongo entonces que pidan *enamorarse* de este estilo de vida; enamorarse en el sentido de ver que es posible para ustedes vivir así; que están llamados a esa vida no dentro de quince años, sino hoy.

Tenemos que entrar en ese estilo de vida con cierta radica-lidad. No digo con perfección absoluta, pero sí con la fuerza de lo que se nos presenta como primordial; como prioritario y esencial. Eso es lo que ya estamos viviendo de algún modo. Pero estamos llamados a más, y es a vivir las Bienaventuran-zas, las enseñanzas de Cristo, con un profundo amor.

Pidan enamorarse de eso, ver la belleza que tiene; *ser hom-bres evangélicos, con sabor a Evangelio.* Necesitamos comu-

---

[46] Rom 12,9ss.

nidades así, con sabor a Evangelio, que irradien a Cristo y que sean de Nueva Evangelización.

La predicación de Jesús gira alrededor de la proclamación del Reino que llega, sobre todo al inicio… *y esta proclamación del Reino que llega está muy ligada a la experiencia y al anuncio de la paternidad de Dios.*

La Nueva Situación se da en un vínculo nuevo con Dios en Cristo Jesús. Entramos en una situación nueva porque Dios es nuestro Padre en Cristo Jesús. La relación de Jesús con su Padre se entiende a la luz de la proclamación del Reino y viceversa: la proclamación del Reino se entiende a la luz de la relación de Jesús con su Padre.

Es como si Cristo dijera: "El Reino es ser hijo de mi Padre: vengan a participar de ese vínculo. *Cuando ustedes sean hijos de mi Padre, por el don que yo les voy a otorgar, van a entender lo que es vivir de la providencia, saber perdonar, tener un amor unificado, porque ese es el Reino de mi Padre. ¡Vengan a entrar en ese vínculo al cual están llamados, benditos de mi Padre!"*.

Entrar en la Nueva Situación es entrar en la filiación de Jesús. Es entrar a participar de un vínculo nuevo, sanador, profundamente arraigado en el corazón. Por eso, en el corazón del Sermón de la Montaña, ¿qué es lo que encontramos? El Padre Nuestro. "Cuando ustedes oren, oren así…" Y allí está el Padre Nuestro.

Las Bienaventuranzas

Vamos a decir algunas palabras sobre las Bienaventuranzas…

Las Bienaventuranzas conforman la introducción al Sermón de la Montaña: un anticipo de lo que se va a desarrollar después.

Alma de pobres, pacientes, afligidos, con hambre y sed de justicia, misericordiosos, de corazón puro, pacíficos, perseguidos… Felices si ustedes son así porque tendrán una recompensa.

Sabemos que en primer lugar las Bienaventuranzas constituyen el perfil de Jesucristo. Dice el Catecismo de la Iglesia Católica: *"Las Bienaventuranzas dibujan el rostro de Jesucristo y describen su caridad. Expresan la vocación de los fieles asociados a la gloria de su pasión y de su resurrección. Iluminan las acciones y las actitudes características de la vida cristiana. Son promesas paradójicas que sostienen la esperanza en las tribulaciones. Anuncian a los discípulos las bendiciones y las recompensas ya incoadas. Y quedan inauguradas en la vida de la Virgen María y de todos los santos".*[47] Si leen bien de nuevo, ¡van a notar que enumera seis facetas de las bienaventuranzas en un sólo párrafo!

En el trabajo que les pedí tenían que elegir una bienaventuranza sobre las demás. Me llamó la atención el resultado. Hay una que fue elegida seis veces. ¿Cuál les parece que ganó con seis por encima de todas las demás?... "Los puros de corazón". Me llamó la atención; no hubiera pensado que "puros de corazón" iba a ganar por lejos.

Comparto algunas con ustedes:

Dice uno:

"–Bienaventurados los que tienen alma de pobres porque a ellos les pertenece el Reino de los cielos–. Aquel que es pobre de espíritu sabe que todo lo que tiene le ha sido dado; que ha sido recibido por él gratuitamente; y sabiéndose pobre, se alegra de recibir un don. Por otro lado, no se apega a las cosas, confía en el Padre, por eso sabe vivir en la alegría, tanto en la abundancia como en la escasez; sabe sufrir hambre, frío, desnudez, cansancio y no perder el ánimo. También sabe valorar las cosas, cuidarlas y usarlas debidamente. Al tener alma de pobre, sabe que su bien no es ninguna cosa material o creada, sino que es el Señor. El Señor es su único bien; busca primero el Reino. Esta Bienaventuranza me ha tocado personalmente".

---

[47] Catecismo de la Iglesia Católica, nro. 1717.

• Ejercicio

Les propongo algunos ejercicios.

Nosotros decimos que la buena noticia del Reino de Jesús –que Jesús anuncia– es el mensaje de que en Él se da una Nueva Situación.

1. Vamos primero al todo y después a las partes. ¿Ese mensaje me convoca? Es un mensaje tan actual... ¿Puedo verlo?

¿Cómo voy creciendo en la encarnación del mensaje? ¿Siento que se va encarnando en mí... y que yo me voy empapando de lo que anuncio? ¿Noto que eso va haciendo una realidad en mí? ¿Cómo?

Volvamos ahora sobre el Sermón de la Montaña... ¿Qué aspectos de este mensaje de Jesús veo que se van encarnando más en mí? Es la Nueva Situación desarrollada.

Como ya hemos dicho, el *Sermón de la Montaña es el estilo de vida cristiano, es el desarrollo de la Nueva Situación en sus distintas vinculaciones.*

¿Tenemos una experiencia de vida en Cristo? Todos los que estamos acá deberíamos ser mensajeros de un único mensaje; porque para eso nos ha convocado Jesús a formar parte de esta Sociedad... ¿Cuál es tu mensaje? ¿El mensaje que anunciás con tu vida, con tus palabras, con tus actitudes? ...

Está claro que nadie encarna perfectamente el Sermón de la Montaña; todos encarnamos más unas cosas que otras. Pero siempre podemos volver a contemplar a Jesús en su vida pública anunciando la Buena Noticia del Reino; por ejemplo, en Mt 4,23 y Mt 9,6-25. Y podemos volver a pedirle con gran confianza: "Dame tu palabra, tu misión; dámela a mí y dánosla a nosotros. Queremos formar una comunidad de salvados, capaces de traducir experiencias y afectos".

2. En segundo lugar, les propongo contemplar a Cristo predicando el Reino:

En el Evangelio de Mateo, en el versículo 23 del capítulo 4 van a ver que dice: *"Jesús recorría toda la Galilea, enseñando en sus sinagogas la Buena Notica del Reino y curando todas las enfermedades y dolencias de la gente"*.[48]

Van a notar que justo después comienza, en el capítulo 5, el Sermón de la Montaña, que abarca hasta el capítulo 7. El capítulo 8 describe los signos que corroboran y ratifican esta enseñanza. Jesús no solo enseña, sino que mediante las curaciones que acontecen pone de manifiesto que el Reino de Dios, descripto en el Sermón de la Montaña, ya está actuando, ya se está haciendo presente en Él mismo. Se trata de palabras y de obras. Esta sección se extiende hasta el final del capítulo 9, que culmina con la misma frase, en el versículo 35: *"Jesús recorría toda la Galilea, enseñando en las sinagogas, proclamando la Buena Noticia del Reino y curando todas las enfermedades y dolencias de la gente"*.

Eso se llama "inclusión" en la Biblia; cuando se repite un mismo texto es como un signo de puntuación. Es decir, que todo lo que está comprendido en ese texto, es una gran unidad. Entonces, esa inclusión, el Sermón de la Montaña, y sus signos, se abre y se cierra con la imagen de Jesús predicando en su vida pública. Son textos que están en la primera página de las Constituciones. Jesús en la vida pública predica el Reino; detallado en Mateo 5-7, y lo pone por obra, detallado en Mt 8-9.

Entonces, contemplen esa imagen de Jesús predicando esto. Y pidan para ustedes y para nosotros ser así, poder vivir de ese modo; poder vivir esa vida pública de Jesús predicando este mensaje de la vida nueva, que está desarrollado en este Sermón.

3. En tercer lugar, les propongo leer las Bienaventuranzas pidiéndole a Jesús contemplar su rostro y viéndonos en ellas... "Señor: ¿cómo eras vos afligido?" Pueden ir a otros textos de la Biblia. Por ejemplo, si están meditando acerca de Cristo *afligido*, pueden ubicarse espiritualmente frente a Jesús en la cruz.

---

[48] Mt 4,23.

"¿Cómo eras vos trabajando por la paz?" Y puedo ir a otro texto del Evangelio que surja ahí para meditar. "¿Cómo eras vos perseguido por practicar la justicia?", "¿Cómo eras vos puro de corazón?"

4. Por último, meditar el Padre Nuestro, que es el corazón del Sermón de la Montaña. Jesús nos enseña a orar como hijos y a vivir como hijos. Solo así podremos comprender el Sermón de la Montaña. Meditar el Padre Nuestro, rezarlo despacio. Eso sería. Decir: "Padre Nuestro", y parar un rato. Orar con el corazón, hacer silencio, repetir las palabras... el que pueda que ore en lenguas, entre petición y petición; como para que eso cale más hondo en nuestra alma... "Que estás en el cielo..."; "Santificado sea tu nombre..."; "Venga tu Reino...".

Gloria al Padre, al Hijo y al Espíritu Santo. Como era en el principio, ahora y siempre, por los siglos de los siglos. Amén.

FELICES LOS POBRES (I)

Comenzamos entonces con esta meditación acerca de la primera de las Bienaventuranzas, que es aquella sobre los pobres de espíritu. *"Felices los pobres de espíritu porque a ellos les pertenece el Reino de los Cielos".* En el libro del Pueblo de Dios dice: *"Felices los que tienen alma de pobres porque a ellos les pertenece el Reino de los Cielos".*[49] Como ya hemos comentado, las Bienaventuranzas son la introducción al Sermón de la Montaña y tienen tres partes.

La primera parte es la proclamación de "felices o bienaventurados" [*macarios*, en griego] que es una constatación: "Felices son ustedes si pasa esto y aquello"; "Felices son ustedes ahora", de algún modo.

La recompensa es a futuro, pero la constatación es hacia el presente: "Felices son ustedes"; "Felices los que son así". Porque, de algún modo, la felicidad del mundo futuro que promete Jesús se hace presente en nosotros –los creyentes– ya, ahora, de manera incoada, inicial; tenemos anticipos de esa felicidad futura.

Dice santo Tomás de Aquino:

"Acerca de los premios (de las Bienaventuranzas), los expositores de la Sagrada Escritura han hablado en varios sentidos. Algunos, como San Ambrosio, dicen que todos estos premios pertenecen a la vida futura, pero San Agustín afirma que se refieren a la vida presente, y San Juan Crisóstomo sostiene que unos se dan en la vida futura y otros en la presente. Para explicación de esto se debe tener en cuenta que la esperanza de la

---

[49] Mt 5,3.

beatitud futura puede hallarse en nosotros de dos modos: uno, por alguna preparación y disposición a ella, que es por mérito; otro, por cierta incoación imperfecta de esa Bienaventuranza futura, cual se da en los santos en esta vida. Pues una es la esperanza que se tiene de los frutos del árbol, cuando sus hojas reverdecen, y otra cuando ya empiezan a aparecer los primeros frutos".[50]

Una es la esperanza que tenemos de la fe: saber que Dios recompensará con creces; esa es la del mérito. Y otra es la de aquellos que ya empiezan a gustar los primeros frutos. Porque estas Bienaventuranzas portan su misma recompensa, de alguna manera. Ya tienen en sí su gozo cuando comienzan a encarnarse.

Hay dos maneras de ser felices: como esperanza; y también como anticipación, donde la felicidad ya se da o se vive desde ahora, de alguna manera.

En el lenguaje nuestro, a veces usamos estas expresiones: "Feliz de vos que te vas de vacaciones", como una constatación. O: "Dichoso de vos que pudiste sacar un crédito", que significa: "Qué bueno lo que te está pasando". Así son estas Bienaventuranzas; son constataciones de algo que sucede cuando esa Bienaventuranza realmente se encarna. Y también son promesa a futuro. Esa es la primera parte.

La segunda parte es el contenido. "… los que tienen alma de pobres"; "… los pacientes"; "… los afligidos", etcétera. Dibujan el perfil de Cristo y del cristiano.

Y la tercera parte de las Bienaventuranzas es el motivo: "Porque…"

Recibirán la tierra en herencia. Serán consolados. Serán saciados. Obtendrán misericordia. Verán a Dios. Serán llamados hijos de Dios. Les pertenece el Reino de los Cielos.

---

[50] I-II, q.69, a.2.

El motivo, la razón del ser feliz. Como venimos diciendo, muchas de las Bienaventuranzas están formuladas a futuro, pero ya de alguna manera se empiezan a vivir.

Vamos con la primera entonces: *"Felices los que tienen alma de pobre, porque a ellos les pertenece el Reino de los Cielos"*. Esta Bienaventuranza, por ejemplo, no es a futuro. Está expresada en presente; dice que el Reino de los Cielos les pertenece ahora, ya, a los que tienen alma de pobre. El "Reino de los Cielos" en Mateo es la Nueva Situación, el Reino de Dios; es lo mismo.

Los que tienen alma de pobres son aquellos a quienes les pertenece la Nueva Situación. Porque pueden ya ahora vivir como hijos del Padre, como hermanos de los demás, completamente dedicados a una misión y experimentan la salvación de Dios. *Son pobres, están vacíos de sí mismos.*

Lo que "no es" esta bienaventuranza

Bueno, vamos a destacar lo que "no es" esta Bienaventuranza.

Primero y principal:

No es una invitación a la resignación acerca de la pobreza. "Si los pobres son felices, bueno, que se queden pobres, para qué sacarlos de esa felicidad". Sería una manera muy absurda y simplista de entenderlo, pero a veces se ha acusado al cristianismo de esto.

Es la acusación marxista, que consiste en que el cristianismo, prometiendo bienes futuros, invita a la resignación presente, sobre todo a los pobres. Sostiene que el cristianismo ha intentado históricamente calmar a los pobres con estas promesas a futuro. Sin embargo eso no es así, eso no es verdad. No es la verdad histórica ni la experiencia cotidiana. La Iglesia está en la frontera, en las periferias, día tras día, educando, cuidando, sanando, formando... pero esa sería otra discusión.

Tampoco es una invitación a un mero cambio de condición, como si se quisiera decir que cuanto más pobre seas ahora, mejor, porque más recompensado serás en el Reino de los Cielos.

De hecho, está toda la enseñanza social de los Papas, que habla sobre la importancia de la transformación de las condiciones sociales, los cambios de estructura, la responsabilidad de involucrarse en la lucha contra la pobreza... Todo eso nos deja claro que una parte esencial de la vocación del cristiano, especialmente de los laicos, es trabajar por un mundo más justo.

En *Laudato Si'*, el Papa Francisco muestra una gran sensibilidad por el sufrimiento de los pobres. Dice:

"Hoy advertimos, por ejemplo, el crecimiento desmedido y desordenado de muchas ciudades que se han hecho insalubres para vivir, debido no solamente a la contaminación originada por las emisiones tóxicas, sino también al caos urbano, a los problemas del transporte y a la contaminación visual y acústica".[51]

El Papa venía de Buenos Aires, sabía bien de lo que estaba hablando. Nosotros mismos compartimos esa experiencia; a veces vamos recorriendo barrios que son casi inabarcables y realmente es doloroso ver el caos de la gente, cómo tiene que viajar en esos trenes, en esos colectivos, tantas horas por día... La gente pobre padece todo eso que es tan insalubre.

Continúa la Encíclica:

"Muchas ciudades son grandes estructuras ineficientes que gastan energía y agua en exceso. Hay barrios que, aunque hayan sido construidos recientemente, están congestionados y desordenados, sin espacios verdes suficientes. No es propio de habitantes de este planeta vivir cada vez más inundados de cemento, asfalto, vidrio y metales, privados del contacto físico con la naturaleza".[52]

Y después dice:

"Suele encontrarse una ciudad bella, llena de espacios verdes bien cuidados en algunas áreas seguras,

---

[51] Francisco, *Laudato Si'*, nro. 44.
[52] Ídem.

pero no tanto en zonas menos visibles donde viven los marginados de la sociedad".[53]

La belleza de los lugares físicos ordinariamente está asociada a la riqueza material. Y los pobres generalmente viven en lugares más feos y sórdidos; es así. Es decir que es una preocupación de la Iglesia la lucha contra la pobreza: empujar por un mundo más justo, donde los que no tienen voz sean escuchados y se preste atención a su condición de vida.

Jesús se identifica con los pobres

Dicho esto, hay que reconocer que en esta Bienaventuranza –como en todas– hay dos niveles de interpretación: el primero es un nivel más material; y el segundo, un nivel más espiritual. De hecho, el paralelo de Lucas no dice "alma de pobre" sino que dice "los pobres"[54] directamente.

Y este nivel más material me parece muy importante porque, aunque no es una invitación a la resignación, sí es un punto en el cual Jesús hace notar que Él conoce las miserias y las dificultades de los pobres y de los que sufren, y que su situación no queda fuera de la Providencia ni de la recompensa de Dios.

Es como un consuelo para la lucha. Dios no quiere que nadie sea pobre en el sentido material. Pobre como lo entendemos nosotros aquí en América Latina: como excluido, como marginal, sin acceso a la educación, a la cultura, a los bienes de la dignidad humana. Eso va contra el plan de Dios. Lo que está diciendo esta Bienaventuranza es que Dios conoce la pobreza material, y que por esa pobreza material habrá una compensación, será tenida en cuenta. Por eso es un consuelo.

Por ejemplo, está la parábola de Lázaro y el rico Epulón... ¿Por qué Lázaro va al Cielo? Porque sufría mucho, y lo dice Jesús en la parábola: "Él en esta vida recibió males...". Pues bien, ahora es recompensado.

---

[53] *Ibídem*, 45.

[54] Lc 6,20

En cambio, **el rico no va al Cielo pero no por ser rico sino por ser insensible.** *El pobre va al Cielo por ser pobre;* hay una justicia distributiva divina. Dios ve, tiene en cuenta; a Dios no se le escapan las cosas.

El otro nivel de todas las Bienaventuranzas –pero de esta en particular– es el espiritual. La Bienaventuranza como camino libremente elegido para una mayor configuración con Cristo; porque Él decidió vivir pobremente. Es el sentido más espiritual y positivo. Vivió pobremente pero no marginalmente. Jesús accedió a una buena educación, a una sensibilidad educada, a una pertenencia. Fue un obrero; no fue un marginal.

Pienso que ambos sentidos son importantes y que hay que tenerlos en cuenta para entender acabadamente las Bienaventuranzas. Uno funciona como un bálsamo en las cruces y pobrezas que no elegimos y también, en las que vemos. Y el otro sentido funciona como un ideal de vida, como algo libremente elegido.

Con respecto al primer sentido, es importante también para nosotros los sacerdotes; porque nosotros nos encontramos con los pobres en nuestro apostolado y es esencial que tengamos esa mirada de Jesús, de cierto amor predilecto por ellos, y saber que hay una esperanza equitativa o distributiva.

Jesús se identifica con los pobres, los conoce bien, conoce su pobreza, se mueve cómodamente entre ellos, muchas veces habla acerca de ellos. Y experimentó en carne propia la exclusión de los leprosos, el desprecio por los pecadores, la excomunión de los samaritanos, la soledad de los presos, de los enfermos, el frío de los desnudos, la sed de los vagabundos, el hambre de los desocupados.

Y miraba…

Por ejemplo, en esa parábola donde Jesús dice: "Yo soy como ese patrón que sale a contratar a aquellos que están desocupados a la mañana, al mediodía, a la tarde".[55] A Cristo le llamaban la atención los jóvenes desocupados que estaban allí,

---

[55] Cfr. Mt 20,1-16.

perdiendo el tiempo. A veces a vos mismo te llama la atención cuando vas a un barrio y ves a un grupo de jóvenes desocupados tomando cerveza en una esquina, y te preguntás: "¿Qué hacen estos chicos acá, un día de semana, a las 10 de la mañana, sentados tomando cerveza?". Te duele eso, te conmueve.

Es así como Jesús elabora las parábolas: primero ve o vive los contextos que describe en ellas. Es decir, Cristo vio a esta gente ahí en la plaza. Y vio al sembrador que sale al sembrar y que trabaja, y a la viuda pobre que en una moneda puso todo lo que tenía para vivir.

Y por eso se identificó con ellos. Ese texto del Evangelio es el texto inspirador del programa Cenáculo: *"Porque tuve hambre y ustedes me dieron de comer; tuve sed, y me dieron de beber; estaba de paso, y me alojaron; desnudo, y me vistieron; enfermo, y me visitaron; preso, y me vinieron a ver"*.[56] *"¿Cuándo, Señor?; ¿Cuándo hicimos eso?"* le preguntan en la parábola. Y Él responde: *"Cada vez que lo hicieron con el más pequeño de mis hermanos, lo hicieron conmigo"*.[57]

Él se identifica con los pobres, como si dijera: "El servicio a los pobres es un servicio a mí, porque yo me identifico con ellos". Y justamente porque conoce ese sufrimiento, les anuncia esta Buena Noticia: "El Padre no se olvida de ustedes. ¡Ánimo, felices! Porque ese sufrimiento de ustedes será recogido, será tenido en cuenta".

Jesús no fue un activista social. Nunca vas a escucharlo hablar en contra de los romanos, o en contra de las estructuras sociales de la época. No dijo nada sobre la esclavitud, por ejemplo; no se metió con eso. Pero *tocó el corazón del hombre y por eso su mensaje revolucionó la estructura social.*

Muchos de ustedes han vivido un tiempo en Serrezuela y han trabajado con la gente más humilde y saben que es así. Saben cómo *Jesús vivo en ustedes, Jesús resucitado en ustedes, les da ese amor por los pobres, ese deseo de estar con ellos, que hay que alimentarlo.*

---

[56] Mt 25,35-36.

[57] Mt 25,44-45.

Los sentimientos del buen pastor

Hace un tiempo, un sacerdote de la SSJ me escribió: *"Desde el retiro Volver a Empezar, pude vivenciar una realidad más fuerte que en otras circunstancias o situaciones. Es decir, pasó a ser una realidad vivida: soy igual a ellos. Ellos pueden ser mis amigos. No es que antes no lo creyese; incluso cuando el padre Christian lo decía, pensaba: «Bueno, es obvio», pero experimentarlo es interesante. Uno de ellos empezó a ir a Alcohólicos Anónimos; lo llevo todos los martes, lo voy a visitar para que no vuelva al choreo o a la droga, lo invito por la tarde porque es la hora en que lo invitan las malas juntas..."*. Son sentimientos del buen pastor.

Por eso, esta Bienaventuranza está muy ligada al vínculo de la fraternidad: en Cristo tenemos hermanos. **La Nueva Situación te hace posible sentir y vivir como hermano de otros que son distintos de vos.** Quien se hace pobre de espíritu puede experimentar a los más pobres como hermanos. Y a la inversa: quien experimenta al pobre como hermano, se va haciendo pobre de espíritu en Cristo.

Me parece que es parte de nuestra vida, de la belleza de nuestra vida en la Sociedad San Juan, y parte del carisma particular de la Sociedad San Juan, poder anunciar con hechos y palabras la Nueva Situación en Cristo, también para los más pobres.

Hace poco volvimos a hablar sobre esto; sobre el trabajo con los más pobres y cómo siempre es un desafío poder dedicar el tiempo necesario, la seriedad necesaria para trabajar con los más pobres. Y nos propusimos permanecer vigilantes en esto.

La vez pasada, hablando con Juan, uno de los misioneros, él me hizo tomar conciencia de que el "Volver a Empezar" de Pilar es el único programa en el que trabajan todos los sacerdotes. "En los demás programas, trabajamos uno en Legatus, otro en Cenáculo; pero ahí estamos todos, nos involucramos todos", me decía.

No es una tarea sencilla

Gracias a Dios nuestra misión va creciendo y sus frutos son parte de la belleza de esta vida. Sin embargo, hay que reconocer que es difícil porque implica mantener esa tensión entre dos mundos: el de los universitarios y el de la gente más humilde. No es una tarea fácil; requiere de una personalidad particular, pero es lo propio de la Sociedad San Juan. Desde el inicio fue así, esa doble pertenencia o ese doble mundo.

Pienso que este Ministerio de la Unidad del que hablan las Constituciones es novedoso y tiene mucha fuerza de evangelización.

Por eso los invito a contemplar esto que estamos haciendo, este apostolado nuestro; y a pedirle a Cristo un amor más grande por este aspecto de nuestro trabajo –sé que ustedes lo tienen–; pero pedir un amor más grande y también estar orgullosos de eso. Qué importante es poder aportar entre los más pobres un programa que sea exclusivamente de evangelización; que anuncie una vida en Cristo a los más pobres.

Nosotros tenemos esa certeza: que también a ellos hay que anunciarles la Buena Noticia con poder, y que es en ellos especialmente donde esta Buena Noticia se manifiesta con más fuerza. Detentamos la certeza propia de nuestro carisma.

Y tenemos además una propuesta, un método para hacerlo. Es impresionante ver cómo el "San Juan Diego" en Estados Unidos ha crecido y cómo transforma las vidas de las personas. Y el "Volver a Empezar" de acá me parece que también va a seguir creciendo. Y el trabajo en la cárcel en Córdoba, que está recién comenzando, estoy seguro de que va a andar bien, con la ayuda de Dios.

Nosotros no nos dedicamos a lo material con los más pobres, porque queremos aportar algo distinto, que solo la Iglesia puede aportar.

No es fácil, porque su situación nos duele y nos interpela. Pero la especificidad de nuestro acercamiento pasa por ofrecerles algo aún más necesario; o aún más importante; o aún más escaso que lo material, que es *este anuncio de la Vida Nueva en Cristo a los más pobres.*

Los evangélicos lo hacen; se acercan a los más pobres con un anuncio evangelizador. Y eso que no cuentan con todos los medios espirituales, doctrinales, devocionales con los que cuenta la Iglesia Católica, pero ellos tienen claro lo que tienen para ofrecer. Como dice Pedro en los Hechos de los Apóstoles: *"No tengo plata ni oro, pero te doy lo que tengo: en el nombre de Jesucristo de Nazaret, levántate y camina"*.[58] Y la fuerza de transformación que conlleva ese anuncio es inmensa. Pienso que, dentro de la Iglesia Católica, al menos en la experiencia que yo tengo –muy pequeña y limitada–, es una especie de novedad. Como una certeza que se había debilitado y que entre nosotros constituye justamente el núcleo de nuestra identidad y misión.

• Ejercicio

Hasta acá sería una primera parte de la meditación.

1. Para la oración, tomá la Bienaventuranza y contemplá a Jesús pobre, en ambos sentidos. Jesús que nace pobre, que vive pobre y que muere pobre; cuyo alimento es hacer la voluntad del Padre y llevar adelante su obra. Contemplá a Jesús. ¿Dónde está el tesoro de Jesús? ¿Cuál es su relación con el dinero? O sea: mirá a Jesús pobre, que vive pobremente.

2. Y luego, fijate lo que dicen los Estatutos de la Asociación San Juan Apóstol acerca de la tarea entre los más pobres y el estilo de trabajo que nosotros tenemos con ellos. Allí el texto enumera las razones por las que queremos dedicarnos también a los más pobres:

• *"Durante los últimos años, la Iglesia Católica ha ido perdiendo en este sector de la sociedad presencia evangelizadora, viendo crecer y prosperar a las comunidades de iglesias evangélicas o aún de distintas sectas. Miles de católicos bautizados son evangelizados por iglesias cristianas de diversas denominaciones que se multiplican debido a su intensa labor misionera en estos lugares"*.

---

[58] Hech 3,6.

Y continúan:

- "Debido a esto, muchas personas han dejado de practicar su fe católica y otros tantos han cambiado a otras denominaciones cristianas, cuando no a otras religiones o sectas".

- **"La dificultad para llegar con una propuesta evangelizadora contundente con características adecuadas a las personas que integran este amplio sector social.** Esta tarea exige, sin duda, destinar tiempo y energías. Y es lo suficientemente desafiante como para exigir una dedicación específica, con sus propias modalidades y estilo de trabajo.

- "En respuesta a esta necesidad y en comunión con muchas de las iniciativas que están surgiendo para la Nueva Evangelización de este sector social, la Rama 'San José' quiere ser aporte a esta tarea pastoral de la Iglesia Católica. La predicación de la Buena Noticia a los pobres es uno de los signos más patentes de la presencia de Cristo en la Iglesia".[59]

Recordá cuando Juan Bautista le pregunta a Jesús: *"¿Eres tú o debemos esperar a otro?"*. **Y Jesús le responde con un signo elocuente: "... los ciegos ven y los paralíticos caminan; los leprosos son purificados y los sordos oyen; los muertos resucitan y** *la Buena Noticia es anunciada a los pobres"*.[60]

"Por esta razón, la rama san José busca dentro de los más humildes, aquellos que son más marginados y los anima a buscar su lugar como bautizados en la Iglesia local".

---

[59] Estatutos ASJA, nro. 21. Dice también el Documento de Aparecida, nro. 100: "En las últimas décadas, vemos con preocupación, por un lado, que numerosas personas pierden el sentido trascendente de sus vidas y abandonan las prácticas religiosas, y, por otro lado, que un número significativo de católicos está abandonando la Iglesia para pasarse a otros grupos religiosos".
[60] Cfr. Mt 11,3-5.

3. En tercer lugar, ver el impacto de la enseñanza de Jesús en vos. ¿Qué actitudes y deseos suscitan en vos estos textos? ¿Te sentís identificado con esta misión? ¿Cómo podés crecer en ella?

Pensá en los pobres que conocés: rostro por rostro. Anunciar esta Bienaventuranza ¿qué exige de vos? ¿Cómo tenés que ser vos para poder anunciarle a una persona pobre la Buena Noticia del Reino?

Entonces, resumiendo: primero contemplar a Jesús pobre, que vive entre los pobres, que anuncia entre los pobres, que ama entre los pobres, que se identifica con ellos. Hay miles de textos que podés usar.

Y luego, contemplar nuestro apostolado entre los más pobres y ver: ¿qué exige de vos? ¿Cuál es tu amor por eso? ¿Cuál es tu orgullo por ese apostolado? Tu compromiso, tu seriedad al respecto. Te podés ayudar con los textos de la ASJA.

Felices los pobres (II)

El aspecto más espiritual de la Bienaventuranza

Veamos entonces la segunda parte de: "Bienaventurados, felices los que tienen alma de pobres".

Esta segunda parte remite al aspecto más espiritual de la Bienaventuranza. Dijimos ya que la primera parte es más material; tiene que ver con poder mirar a los pobres con la mirada de Jesús y toca un aspecto más apostólico: contemplar nuestro apostolado con los pobres.

La segunda parte consiste en mirar nuestra propia vida como la de alguien que ha sido llamado a vivir esa Bienaventuranza por el seguimiento radical de Jesucristo.

Solo quien se hace pobre, manso, sufrido, misericordioso, puede experimentar en su propia vida la vida de Cristo. O también: solo quien sigue a Cristo radicalmente va experimentando el sentido espiritual de las Bienaventuranzas.

La pobreza de la cual habla Jesús en esta Bienaventuranza no es una pobreza sin más, sino que incluye una cualidad ética y religiosa. Es sobre todo una disposición espiritual. Recoge el concepto de los pobres del Antiguo Testamento; los humildes que confían en Dios, que ponen en Él su confianza, que viven de cara a la Alianza y no confían en sus carros y caballerías.

Son los pobres de Yahvé: aquellos humildes de corazón, aquellos que viven simplemente. Por ejemplo: *"Yo dejaré en medio de ti a un pueblo pobre y humilde que se refugiará en el nombre del Señor. El resto de Israel no cometerá injusticias ni hablará falsamente; y no se encontrarán en su boca palabras engañosas. Ellos pacerán y descansarán sin que nadie los perturbe".*[61]

Nuestro tesoro

Hay dos textos que iluminan con mucha claridad esta Bienaventuranza –o este sentido de la Bienaventuranza– en el mismo Sermón de la Montaña.

Uno es Mt 6,19-21: *"No acumulen tesoros en la tierra, donde la polilla y la herrumbre los consumen y los ladrones perforan las paredes y los roban. Acumulen en cambio tesoros en el Cielo, donde no hay polilla ni herrumbre que los consuma ni ladrones que perforen y roben. Allí donde esté tu tesoro, estará también tu corazón".* Extiende esta Bienaventuranza, la explica un poco.

Nuestro tesoro no está en los bienes, ni en las posesiones, ni en la honra, ni en el honor, sino que está en el Cielo; en vivir de cara a Dios, en cumplir la voluntad del Padre, en llevar adelante su obra. Y como ese es nuestro tesoro, allí está también nuestro corazón.

Y lo mismo en Mt 6,24 cuando Jesús dice: *"Nadie puede servir a dos señores porque aborrecerá a uno y amará a otro, o bien se interesará por el primero y menospreciará el segundo; no se puede servir a Dios y al dinero".* Es un texto que también está en el mismo cuerpo del Sermón de la Montaña.

No se puede servir… a Dios y al dinero. A Dios y a tu propia honra. A Dios y a tu propia comodidad o a Dios y a tu propio éxito. A Dios y a tu fama. El dinero es el símbolo de la búsqueda del propio bienestar. No se puede servir a ambos. Se menospreciará a uno en detrimento del otro.

Entonces, pobre de espíritu en este sentido es aquel que hace de Cristo y su Reino, el tesoro propio; es esta pobreza de espíritu lo que le permite servir a Dios de todo corazón.

---

[61] Sof 3,12-13.

Por eso pienso que en la medida en que ustedes van creciendo en el seguimiento de Jesús y en su formación, esta vida apostólica implica una renuncia a proyectos humanos que son buenos en sí mismos, pero que no son convergentes hacia un proyecto tan totalizante como es el sacerdocio misionero. Hay planes a los que ustedes naturalmente aspiraron o aspirarían, pero a los que en esta vida que elegimos se renuncia para poder servir a Dios con más libertad.

Tenemos un proyecto –personal y común– que es muy grande, muy ambicioso, muy abarcativo, por el cual renunciamos a otros proyectos menores.

"Señor, contá conmigo para lo que sea"

Pienso que ustedes tendrán proyectos y aspiraciones personales. Respecto de ellos, me parece que es bueno decirle al Señor: "Señor, yo no quiero aferrarme a nada, a ninguna riqueza de este mundo".

"No quiero preferir un lugar a otro; no quiero apegarme; quiero servirte con toda radicalidad. Y anunciar tu Reino a los pobres, a los más humildes, a los jóvenes, a los estudiantes. Contá conmigo para lo que sea". Esa es la verdadera pobreza de espíritu en esta vida.

El pobre de espíritu es libre.

Por eso te pregunto: ¿Tenés alguna riqueza que aún no quieras vender? Quizás tenés aspiraciones profundas: al éxito, al reconocimiento, a la honra, a la estima (creo que ninguno de ustedes está atrás del dinero; esa aspiración ya sabemos que no es la nuestra).

Pero... ¿habrá alguna otra cosa a la cual estés apegado?

Porque el que es pobre de espíritu es libre, es simple; vive de cara a Dios. En cambio el que no vive de cara a Dios, vive de cara a otras expectativas o a otros proyectos. ¿Hay proyectos profundos a los que percibís que todavía no renunciaste?

Y las pequeñeces....

¿Estás aferrado a algo que te quita la libertad? ¿Algún bien material? ¿Algún chiche electrónico? ¿Alguna prenda de vestir? Qué sé yo... alguna cosa que vos veas que te resta libertad.

Pienso que es algo muy positivo poder vivir un estilo de vida austero. Y muy liberador también.

Leí en uno de los trabajos previos que ustedes mandaron:

"Me gustaría comenzar comentando las Bienaventuranzas que más me resonaron: «Bienaventurados los que tiene alma de pobres porque a ellos les pertenece el Reino de los Cielos». Aquel que es pobre de espíritu sabe que todo lo que tiene ha sido dado, ha sido recibido; y sabiéndose pobre, se alegra de recibir un don. Por otro lado, no se apega a las cosas, confía en el Padre, por eso sabe ser generoso; por eso sabe vivir con alegría, tanto en la abundancia como en la escasez. Sabe sufrir hambre, frío, desnudez, cansancio y no perder el ánimo. También, al valorar las cosas, sabe cuidarlas y usarlas debidamente. Al tener alma de pobre, sabe que su bien no es ninguna cosa material o creada, sino que es el Señor. El Señor es su único bien, busca primero el Reino. Esta Bienaventuranza me ha tocado personalmente".

Miren qué tres cosas interesantes dice: el Señor es mi Reino, Él es mi tesoro. Soy generoso y desprendido, y a la vez, sé cuidar y valorar. Entonces, soy agradecido porque recibo las cosas como un don.

Estoy en esta casa que tiene calefacción, donde puedo hacer el retiro, donde tengo mi cuarto... Bueno, lo agradezco, lo recibo como un pobre ¿no? No lo doy por descontado sino que lo acepto con gratitud. Y cuando falta... pues falta. También tengo que saber aceptarlo con sencillez.

En otro trabajo hay una referencia similar:

"Es una buena noticia reconocerse pobre delante de Dios, poder vincularse más profundamente con Él. Pienso aquí en la pobreza interior, es decir, en la capacidad de reconocernos –por medio de la virtud– tal como somos frente a Dios: pobres y necesitados de Él. La humildad lleva a la sencillez y a la pobreza de espíritu; por eso, como dice el salmo, Dios se aparta del soberbio y mira al humilde.

Es una buena noticia porque sé que si soy humilde y vivo la pobreza, estoy en condiciones de ser más desprendido del mundo y de mi yo para gozar de los bienes celestiales".

No pretende mucho para sí

Entonces, la pobreza de espíritu está vinculada con la humildad y con la libertad interior. El que es pobre de espíritu no pretende tanto; tiene simplicidad. Pretende mucho servir, mucho apostolar, mucho amar, mucho entregarse; pero no pretende mucho para sí. Está desprendido, vive con libertad interior.

Ser desprendido de las notas, por ejemplo. Por supuesto que tenemos que estudiar y aprender; pero podemos hacer el ejercicio de desprendernos de las notas, de los reconocimientos, de los puestos, de lo que pensamos que nos corresponde; ser capaces de ser humildes, desapegados. Y centrarnos una y otra vez en el servicio a Cristo y a los demás; ese es nuestro tesoro. Por eso, no es pobre de espíritu solamente el desapegado de las cosas materiales –ese es un aspecto–, sino el desapegado de sí mismo.

También hay una pseudo-pobreza, que es el desapego del rico. El rico que es desapegado porque sabe que va a seguir teniendo. Entonces vemos en algunos chicos de ambientes holgados que no cuidan las cosas, porque saben que si las rompen, tienen otras. No es que sean materialmente pobres sino que nunca les faltó nada y no valoran lo que tienen.

Entonces, también hay un *hippismo* rico o *hippismo* del que tiene, digo yo... el *hippismo* del que sabe que va a tener un respaldo.

Espíritu de pobres

Nosotros no tenemos que caer en los extremos. No sostenemos una visión puritana o negativa de los bienes materiales o del dinero. Nuestra pobreza de espíritu incluye el cuidado y la valoración de las cosas. El Padre Pablo siempre nos está corrigiendo en esto: "Cuidemos; seamos austeros, valoremos los bienes materiales como hacen los pobres".

Además, en nuestra vida vamos a tener que manejar dinero y administrarlo; porque justamente donde hay mucha gente, hay muchos bienes también. Basta ver el Centro Pastoral de Pilar... Para lograr que estuviera en pie, hubo una gestión de mucho dinero, que implicó tener que ocuparse de organizar eventos de recaudación, pedir fondos y administrar los recursos. O sea: nuestra pobreza incluye la capacidad de gestionar los bienes materiales con responsabilidad, con gratitud y con espíritu de pobres.

Esto es un aspecto importante, porque no estamos hablando de *la pobreza desentendida del adolescente*. Ustedes se van formando también en la capacidad de gestionar el dinero para la gloria de Dios, permaneciendo pobres de espíritu ustedes mismos. Eso pueden empezar a cultivarlo desde ahora a través del cuidado y la administración responsable y justa de los bienes materiales.

Lo cierto es que el vacío es imposible. *El centro del corazón lo ocupa Jesús... o tiende a ocuparse con otras cosas.*

* Ejercicio

    1. Dicen las Constituciones: *"En su amor por nosotros Cristo, 'que siendo rico se hizo pobre',*[62] *y que vino a anunciar 'la Buena Noticia a los pobres',*[63] *nos proclama*

---

[62] 2 Cor 8, 9.
[63] Lc 4,18.

felices si imitamos su vida pobre[64] *como obreros que no tienen otro interés sino el de servir a su Señor"*[65].

Hablan de la vida sencilla, de las tareas domésticas más comunes que nos permiten acercarnos a ellos, a los más humildes. Sería bueno afrontar y asumir esto con autenticidad. No estamos proponiendo "aguantar" estos servicios, sino *abrazarlos* desde el centro de la identidad. Asumimos ese abrazo dentro de esta llamada a asociarnos a los más pobres y a asociarnos a Cristo, que siendo rico se hizo pobre.

Esta segunda meditación es acerca de nuestra propia pobreza. La primera fue sobre la pobreza de Jesús y el apostolado hacia los pobres. Ahora, tiene que ver con el modo en que vivimos esta virtud de la pobreza espiritual en el contexto de la llamada que hemos recibido.

2. Meditar la promesa de recompensa, que es muy halagüeña: *"Felices los que tienen alma de pobres porque a ellos les pertenece el Reino de los Cielos"*. Solo el que es pobre puede recibir la Nueva Situación como una pertenencia propia. A ellos, a los pobres, les pertenece el Reino. Es así de simple y de cierto. No podemos vivir como hijos del Padre, como hermanos de los demás, con la radicalidad de Jesús, si no somos pobres de corazón.

Por eso dice Jesús: "Busquen primero el Reino de Dios y su justicia, y lo demás se les dará por añadidura".

La vivencia radical de la Vida Nueva implica esta pobreza espiritual, que se trabaja como una virtud.

Meditar esta pertenencia. Si soy pobre, el Reino de los Cielos me pertenece. El experimentar la Vida Nueva en Cristo, la Nueva Situación, me pertenece.

Gloria al Padre, al Hijo, y al Espíritu Santo.

---

[64] Cf. Lc 6,20.
[65] Constituciones SSJ, nro. 34.

FELICES LOS PACIENTES

En el Libro del Pueblo de Dios es la segunda bienaventuranza. Algunos la traducen como *"Felices los mansos porque recibirán la tierra en herencia"*.

Vamos a tomar esta bienaventuranza en tres sentidos distintos. El primer sentido es el saber sufrir; el segundo es el saber esperar y el tercero es el no irritarse.

El saber sufrir

La paciencia expresa la Nueva Situación del cristiano porque es en Jesús que aprendemos a sufrir, aprendemos a esperar y aprendemos a ser mansos. Me gusta más la palabra paciente que manso, porque manso hace alusión solo al tercer sentido, el de no irritarse. Mientras que la paciencia incluye los otros dos sentidos.

La palabra "paciente" en el ámbito médico hace referencia a lo que uno padece, al sufrimiento que uno experimenta.

Jesús enseñó las bienaventuranzas en el Monte de las Bienaventuranzas. Yo tuve oportunidad de celebrar la misa allí; es un lugar hermosísimo, en Galilea. Está la Iglesia de las Bienaventuranzas en una de las colinas circundantes, y desde esa colina se puede celebrar la misa; la gente, mientras está en la misa, ve por detrás del altar todo el lago de Galilea. Esa es, según la tradición, la colina donde Jesús pronunció estas Bienaventuranzas.

Así que las enseñó en este monte de Galilea, pero las puso en práctica radicalmente en el Monte Calvario. *En la cruz, Jesús encarna en grado máximo las Bienaventuranzas*. El crucificado, desnudo, colgado entre el cielo y la tierra…

79

Nunca es más pobre que en la cruz porque ahí no tiene absolutamente nada, ni siquiera a su Padre, en su experiencia humana. Nunca es más paciente, porque ahí sufre en su cuerpo y en su alma con mansedumbre, *"como un cordero llevado al matadero"*,[66] dice Isaías; *"el Cordero degollado"* del Apocalipsis.[67] Nunca está más afligido, porque ahí carga con el pecado y el dolor del mundo. Nunca es más perseguido por practicar la justicia. Justo, y sin embargo contado entre los malhechores. Nunca más misericordioso: *"Padre, perdónalos, porque no saben lo que hacen"*.[68] Con esas palabras Jesús quiebra el vaso de su misericordia y la derrama por el mundo.

Nunca es de corazón más puro, porque no hay ninguna intención torcida que lo lleve a treparse a la cruz. Solamente lo mueve el amor al Padre y el amor a la humanidad. Es la pureza de Cristo en la cruz; no hay nada escondido. Está desnudo y expuesto.

Nunca es más hacedor de la paz que en la cruz, porque la cruz nos reconcilia con Dios y entre nosotros. Cristo *"derribó el muro que nos separaba"*[69] dice san Pablo (entre judíos y paganos) y *"ya no hay judío ni pagano, esclavo ni hombre libre, varón ni mujer, porque todos ustedes no son más que uno en Cristo Jesús"*.[70] La cruz es un signo elocuente y poderoso de la paz. Cuando estés peleado con alguien, mirá la cruz... vas a ver cómo ella te enseña la paz.

Nunca tiene Cristo más hambre y sed de justicia que en la cruz. *"He deseado ardientemente comer esta Pascua"*[71] dice Jesús haciendo alusión a la cruz. La Pascua no es únicamente la Última Cena sino que incluye también la pasión y la cruz.

---

[66] Cfr. Is 53,7.
[67] Cfr. Apoc 5,6.
[68] Lc 23,34.
[69] Cfr. Ef 2,14.
[70] Gal 3,28.
[71] Lc 22,15.

Por eso, el punto máximo de su descenso es el punto de su ascenso. *Su ignominia aparente es su gloria*, en realidad. Es el triunfo de la cruz. Celebramos este triunfo el 14 de septiembre, en la fiesta de la Exaltación de la Cruz.

Cristo hizo de la cruz un símbolo de victoria; la victoria del amor de Dios crucificado sobre la muerte y el pecado, sobre la riqueza y el poder, sobre el odio, sobre la venganza, sobre la lujuria; o sea, todo lo que se opone a las bienaventuranzas.

Es el triunfo de la cruz sobre las *contra-bienaventuranzas*.

Las bienaventuranzas del mundo

Podríamos formular las bienaventuranzas del mundo de esta manera:

- Felices los ricos.

- Felices los poderosos.

- Felices los que no tienen que esperar.

- Felices los que zafan de todo dolor.

- Felices los ventajeros (en vez de los que tienen sed de justicia).

- Felices los duros, los vengativos.

- Felices los lujuriosos.

- Felices los que hacen la guerra y ganan.

Jesús triunfa sobre las bienaventuranzas mundanas. En la cruz triunfa sobre todas esas contra-bienaventuranzas.

Porque su aparente derrota y debilidad constituyen su triunfo. Hay una imagen en la película *La Pasión*, de Mel Gibson, que me parece muy sugestiva: cuando Jesús muere... cae una gota. Parecería que el cielo llora la muerte del Hijo, pero en ese mismo instante de la aparente derrota, el diablo grita desesperado, tomando conciencia en realidad del triunfo de la cruz. Su mayor –también aparente– victoria es en realidad su mayor derrota: la fidelidad y el amor misericordioso del Hijo redimiendo al mundo.

Por eso, *las bienaventuranzas son paradójicas; nunca terminamos de entenderlas del todo. Como es paradójica la cruz de Cristo*, que tampoco comprendemos enteramente.

Dice Benedicto XVI:

"El sufrimiento es precisamente el camino de la transformación; y sin sufrimiento, no se transforma nada".[72]

La salvación no viene del sufrimiento, sino que viene del amor. Pero en la situación histórica del pecado del hombre, ese amor se revistió de sufrimiento; lo que te salva es el amor de Dios, pero ese amor es un amor crucificado.

Varón de dolores

Y vemos que Jesús es un hombre sufrido: se lo llama *"un varón de dolores"*.[73] Su sufrimiento lo contemplamos en la cruz, a la cual siempre hay que volver, porque la cruz de Cristo nos llena de consuelo. Como dice la oración de San Ignacio: "Pasión de Cristo, confórtame". La pasión de Cristo te conforta.

Pero Jesús no solamente sufre en la cruz, si bien allí está su sufrimiento máximo.

También *sufrió en su pobreza*, en el exilio de su infancia, en su soledad, como hombre que creció y vivió con semejante misterio. La comunión con su Padre fue fuente de gozo, pero también fuente de soledad.

Fue sufrido en su ministerio itinerante; en la incomprensión de sus discípulos. *Conoce el sufrimiento en su propia*

---

[72] Discurso del Papa Benedicto XVI a los sacerdotes de la Diócesis de Aosta, 25 de julio de 2005.
[73] Is 53,3.

vida; conoce el gozo profundo también; pero es un hombre sufrido.

Y conoce el sufrimiento ajeno. Dice la carta a los Hebreos que *"aprendió por sus propios sufrimientos qué significa obedecer"*.[74] Una frase muy misteriosa y profunda... Cuántas veces nosotros decimos: "Sí, yo sabía que eso era así, pero una vez que pasé por aquella experiencia, lo viví en carne propia". Algo similar debe haber sucedido en el caso de Cristo. En la misma carta, un versículo anterior dice: *"Él dirigió durante su vida terrena súplicas y plegarias, con fuertes gritos y lágrimas"*. No dice solamente en Getsemaní, donde sudó sangre; sino que durante su vida terrena dirigió al Padre súplicas y plegarias, con fuertes gritos y lágrimas.

Me llama la atención este texto de Benedicto que recién cité: **"Sin sufrimiento no se transforma nada"**. El camino de la transformación –en la situación que vivimos– es el sufrimiento, porque somos pecadores.

Juan Pablo II, un hombre que conocía mucho el sufrimiento, escribió sobre el dolor salvador, y decía:

"En su actividad mesiánica en medio de Israel, Cristo se acercó incesantemente al mundo del sufrimiento humano. «Pasó haciendo bien», y este obrar suyo se dirigía, ante todo, a los enfermos y a quienes esperaban ayuda. Curaba a los enfermos, consolaba a los afligidos, alimentaba a los hambrientos, liberaba a los hombres de la sordera, de la ceguera, de la lepra, del demonio y de diversas disminuciones físicas; tres veces devolvió la vida a los muertos. Era sensible a todo sufrimiento humano, tanto al del cuerpo como al del alma. Al mismo tiempo instruía, *poniendo en el centro de su enseñanza las ocho bienaventuranzas,* que son dirigidas a los hombres probados por diversos sufrimientos en su vida temporal".[75]

---

[74] Heb 5,8.

[75] Juan Pablo II, *Salvifici Doloris,* nro. 16 (la cursiva es mía).

Él lo dice como una nota al margen: las ocho bienaventuranzas están en el centro de la enseñanza de Cristo y las dirige a aquellos que son probados por el sufrimiento.

Y sigue diciendo:

"Estos son los «pobres de espíritu», «los que lloran», «los que tienen hambre y sed de justicia», «los que padecen persecución por la justicia», cuando los insultan, los persiguen y –con mentira– dicen contra ellos todo género de mal por Cristo. De todos modos Cristo se acercó sobre todo al mundo del sufrimiento humano por el hecho de haber asumido este sufrimiento en sí mismo. Durante su actividad pública probó no solo la fatiga, la falta de una casa, la incomprensión incluso por parte de los más cercanos; pero sobre todo fue rodeado cada vez más herméticamente por un círculo de hostilidad y se hicieron cada vez más palpables los preparativos para quitarlo de entre los vivos".[76]

Es difícil sufrir la hostilidad; no sé si ustedes la sufrieron alguna vez. Pero es duro, es difícil. Cuesta entenderla, cuesta padecerla. A veces tenemos que sufrir cierta hostilidad de alguna persona o de algunos grupos de personas que con buena intención pueden pensar que es su deber ponerse en la vereda de enfrente, confrontar, acusar. En general se trata de una hostilidad muy benigna; no va más allá de la crítica o de algún destrato.

En esos casos cuesta mucho llegar a estas personas; parece que se agotan los caminos de acercamiento. Es como si hubiera una hostilidad que no tiene una explicación razonable; y por eso cuesta aceptarla. Pienso que si cuesta aceptar estas pequeñas enemistades... ¡lo que habrá sido una hostilidad mucho más violenta como la que tuvo que sufrir Jesucristo de parte de su pueblo, de su familia que lo consideraba loco, de la gente de su época, de los fariseos que eran los que deberían

---

[76] *Ídem.*

haberlo ayudado, haberse puesto de su lado; una hostilidad tan grande, abierta y manifiesta!

Me llama la atención cuando Jesús resucita a Lázaro y los fariseos dicen: "Hay que matarlo" en vez de convertirse, *"porque si hace otro de estos milagros todos van a creer en él"*.[77] Una hostilidad tal, que no les permite ver nada, porque el odio es ciego. *La bronca es ciega, no te permite rescatar nada bueno del otro. Hay que cuidarse de esa hostilidad.*

Hace un tiempo una persona, hablando de la política de nuestro país, notaba cómo hay algunos que cultivan un cierto odio y resentimiento hacia tal o cual político. Se permiten hablar sobre ellos con insultos, y no pueden reconocer ni un solo logro. Evidentemente hay diversidad de opiniones en temas que son de por sí opinables; y puede haber juicios fundados sobre la conveniencia, o incluso sobre la moralidad de la acción política, pero ese tipo de hostilidad tan personal... no viene de Dios.

Bueno, Jesús sufrió hostilidad en su vida, contra Él. Cristo era consciente de esto; muchas veces hablaba a sus discípulos de los sufrimientos y de la muerte que le esperaban. *"Subimos a Jerusalén y el Hijo del Hombre será entregado a los príncipes de los sacerdotes y a los escribas, que lo condenarán a muerte y lo entregarán a los gentiles y se burlarán de él, lo escupirán, lo azotarán y le darán muerte, pero a los tres días, resucitará"*.[78]

Tenía clara esa hostilidad.

"Cristo va hacia su pasión y muerte con toda la conciencia de la misión que ha de realizar de este modo. Precisamente por medio de este sufrimiento suyo hace posible «que el hombre no muera, sino que tenga la vida eterna». Precisamente por medio de su cruz debe tocar las raíces del mal, plantadas en la historia del hombre y en las almas humanas. Precisamente por medio de su cruz debe cumplir la obra de la salvación. Esta

---

[77] Cfr. Jn 11,48.
[78] Cfr. Mc 10,33ss.

obra, en el designio del amor eterno, tiene un carácter redentor (...) Cristo se encamina hacia su propio sufrimiento, consciente de su fuerza salvífica; va obediente hacia el Padre, pero ante todo está unido al Padre en el amor con el cual Él ha amado el mundo y al hombre en el mundo. Por esto San Pablo escribirá de Cristo: «Me amó y se entregó por mí»".[79]

Mediante su entrega, todo es renovado.

Esto es para releerlo tranquilo...

Jesús se encamina hacia su propio sufrimiento consciente de su valor salvador. En la película *La Pasión* está retratada la estación del vía crucis donde Cristo se encuentra con la Virgen. Y allí pone en boca de Jesús la frase del Apocalipsis: *"Yo hago nuevas todas las cosas"*.[80] Él es consciente de que mediante esa entrega todo es renovado. Y la abraza.

Jesús llama a sus discípulos a hacer lo mismo, a cargar la cruz. Muchas veces lo dice: *"El que quiera ser mi discípulo, que cargue con su cruz y me siga"*;[81] *"El discípulo no es más que el maestro"*;[82] *"Porque si así tratan a la leña verde, ¿qué será de la leña seca?"*;[83] y así... Hay una exhortación a cargar la cruz y a seguir por ese camino.

No hay otra manera de configurarnos con Cristo que no pase –de algún modo– por el sufrimiento. Tampoco es puro sufrimiento; pero hay un aspecto del seguimiento a Jesús que es crucificado. A veces, al empezar un camino vocacional en el sacerdocio o la vida consagrada, todavía hay mucha motivación por encontrar la propia felicidad, la propia plenitud. Está bien; es una primera motivación válida, pero tiene que correr mucha agua bajo el puente todavía. Nadie puede ser sacerdo-

---

[79] Juan Pablo II, ídem.
[80] Apoc 21,5.
[81] Cfr. Mt 16,24.
[82] Cfr. Mt 10,24.
[83] Cfr. Lc 23,31.

te solo porque se siente pleno. Hay razones más profundas. Por ejemplo: Jesús no fue a la cruz para sentirse pleno. Él fue a la cruz por otro motivo: por un amor al Padre y a la humanidad que lo llevó a esa entrega.

La sabiduría de la cruz

Es un paso grande en la vocación cuando te despreocupás de la autorrealización, de tu propia felicidad, de tu propia plenitud y te quebrantás, te entregás. Estás preocupado por los demás, por que otros conozcan el amor de Cristo. Es un paso donde la persona se da cuenta de que va a perseverar porque hay algo que se ha quebrado dentro de sí por la fuerza del Espíritu Santo.

Y es misterioso pero es así; hay una fuerza en el sufrimiento: una fuerza redentora y purificadora. San Pablo la llama *"la sabiduría de la cruz"*. *"El mensaje de la cruz es una locura para los que se pierden, pero para los que se salvan, para nosotros, es fuerza de Dios, porque está escrito: «Destruiré la sabiduría de los sabios y rechazaré la ciencia de los inteligentes...»".*[84] Después sigue: *"Mientras los judíos piden milagros y otros van en busca de sabiduría, nosotros en cambio predicamos a un Cristo crucificado, escándalo para los judíos, locura para los paganos, pero fuerza y sabiduría de Dios para los que han sido llamados, tanto judíos como griegos. Porque la locura de Dios es más sabia que la sabiduría de los hombres, y la debilidad de Dios es más fuerte que la fortaleza de los hombres".*[85]

La sabiduría de la cruz es más sabia que la sabiduría del mundo.

"Sí; Dios amó tanto al mundo, que entregó a su Hijo único para que todo el que cree en él no muera, sino que tenga Vida Eterna".[86] Estas palabras, pronunciadas por Cristo en el diálogo nocturno con Nicodemo, nos introducen en el centro mismo de la

[84] Cfr. 1 Cor 1,18.
[85] 1 Cor 1,22-25.
[86] Jn 3,16.

acción salvífica de Dios. *"Ellas manifiestan también la esencia misma de la soteriología cristiana; es decir, de la teología de la salvación".*[87]. Dios nos salvó de este modo: *"Tanto amó Dios al mundo que dio a su Hijo unigénito".*[88]

Expresión máxima de su amor

Cristo quiso salvarnos a través de su propio sufrimiento, porque a través del sufrimiento se pone de manifiesto la máxima posibilidad del amor. Dice Él: *"No hay amor más grande que dar la vida por los amigos".*[89] ¡Qué sabiduría tiene la cruz de Cristo! Por ejemplo, cuando tenés que perdonar, como dije al principio. *Una persona te ofendió y no encontrás cómo perdonarla: ponéte de rodillas y mirá la cruz de Cristo: ahí vas a encontrar fuerzas.*

O cuando tenés que cargar con una enfermedad, un sufrimiento: ponéte de rodillas y mirá la cruz de Cristo.

Es decir...

¡Cuánto consuelo le faltaría al mundo si Cristo no hubiera muerto en la cruz!

¡Cuánto sentido les faltaría a los sufrimientos humanos si Cristo no hubiera muerto en la cruz!

¡Cuánto más difíciles serían nuestros sufrimientos si no pudiéramos unirlos a la cruz de Cristo!

¡Cómo quiso Dios, en su sabiduría infinita, acompañarnos desde adentro en nuestros propios sufrimientos!

Y mediante su cruz quiso enseñarnos en grado máximo: la humildad, la paz, la paciencia, la pureza, el hambre y la sed de justicia. De manera tal que contemplar la cruz es como estar frente un libro abierto: es siempre una enseñanza.

---

[87] Cfr. JUAN PABLO II, *op. cit.*, 14.
[88] Jn 3,16.
[89] Jn 15,13.

La salvación de la cruz

Esto tiene muchas consecuencias.

En primer lugar, un aspecto del mensaje que anunciamos es que en Cristo somos salvados. Se trata de un anuncio gozoso, lleno de esperanza. Pero, a decir verdad, la salvación no se alcanza sin el sufrimiento y sin la muerte.

Se nos da la salvación para que la recibamos, pero esa salvación se nos da como semilla y crece en nuestra vida y se arraiga en una dinámica que es pascual: de muerte y resurrección. Sobre todo en nosotros –los consagrados– que intentamos seguir a Cristo de modo lineal.

Es una salvación que es a la vez una transformación. No hablamos de una imputación exterior, sino de *una transformación interior.* Y no se da una transformación en Cristo sin sangre y sin lágrimas, sin quiebre, sin que algo se rompa adentro, sin una pérdida de "aparente identidad". Porque el traje de Jesucristo siempre nos queda grande o nos queda chico, nos aprieta por allá o por acá.

Esta persona que vive conmigo, esta tarea que tengo, esta convivencia, esta materia que tengo que rendir, esta situación que tengo que vivir, esta incomprensión... todo eso pone en juego los mecanismos de la fe, por los cuales yo recurro a la cruz de Cristo y a mi amor por Él para poder enfrentar mis circunstancias con fe y transformarlas en una entrega. Entonces así, soy más parecido a Él.

Si nadie jamás nos contestara de mal modo, por ejemplo; si viviéramos entre personas que siempre nos trataran bien: ¿cómo haríamos para poner en movimiento esas herramientas que se nos dan para que podamos seguir a Cristo? Quiero aclarar que no justifico ni promuevo que nadie trate mal a nadie; lo que digo es que en la vida se nos dan oportunidades de entrega; porque somos pecadores además; no solamente porque los demás son pecadores sino porque nosotros somos pecadores.

Entonces, si sos una persona acostumbrada a gratificar todos tus deseos pero querés vivir célibe... te va a costar más, evidentemente. Hasta que no entregues y luches, no vas a alcanzar tu propósito... por la gracia de Dios. Pero ¿cómo puede ser transformada una persona de corazón puro sin muerte a sí misma, sin combate? ¿Qué pretendés? En esa muerte a vos mismo, en ese combate, hay un quebrantamiento. ¿Cómo vas a ser pobre de corazón si fuiste educado entre todas las comodidades? Bueno, pues tampoco la pobreza de corazón se va a dar sin sufrimiento.

¿Cómo vas a ser paciente y manso si te gusta siempre ganar, tener la razón, si sos un orgulloso? Y bueno, ¿cómo vas a llegar a humilde sin una muerte a vos mismo?

Y así con cada una de las bienaventuranzas...

El Señor te quiere transformar. En su libro *Mero Cristianismo*, C. S. Lewis lo explica de manera excelente cuando subraya la idea de que Dios *te quiere transformar y lo va a hacer;* si lo dejás, aunque tengas que sufrir.

En esta vida *no estamos llamados a ser fotocopias ampliadas de nosotros mismos.* ¿Qué hacemos con más "nosotros mismos"? No vamos a llegar muy lejos... *Necesitamos que sea Cristo en nosotros; y eso no se va dar sin una muerte nuestra para que surja Cristo en nosotros.*

Así que no se alcanza la transformación en Cristo, la configuración con Él sin sufrimiento. Jesús lo dice: *"El que quiera seguirme, cargue con su cruz"*.[90] Sus discípulos le decían: "Queremos sentarnos a tu derecha y a tu izquierda",[91] "Queremos ser tus apóstoles..." Nosotros, los sacerdotes, podríamos decirle: "Queremos ser tus profetas en el mundo" o "Queremos predicar tu Palabra a las multitudes".

"También llegar a veinte Casas de la Palabra, y a quince colegios y a que haya treinta vocaciones por año". Amén. Bár-

---

[90] Mt 16,24.
[91] Cfr. Mt 20,21.

baro. *"¿Pueden beber el cáliz que yo beberé?"*[92] *"Sí, sí, podemos"*.[93] Buenísimo. Esa es la pregunta que Él nos hace.

Deseos magnánimos –diría Jesús– yo también los quiero… pero ¿pueden beber el cáliz que yo beberé?

Nosotros responderemos: "Sí, Señor, lo bebo", y el Señor, como dice Newman,[94] *nos toma esa promesa.*

La entrega del apóstol

La segunda consecuencia es que tampoco se alcanza la eficacia apostólica sin sufrimiento, como recién les dije. **Hay un límite en el cual sólo se puede sufrir.** Es decir: están muy bien los programas de formación apostólica, la eficiencia, la búsqueda de la excelencia humana; no solamente están bien sino que son instancias sumamente importantes y necesarias; pero si todo eso no está *sazonado* por una entrega de la propia vida a Cristo, le falta justamente eso que hace que nuestro apostolado toque los corazones de los demás.

Cuando hay mucha excelencia humana, cuando las cosas están muy bien preparadas, la gente dice: "¡Qué bien, qué bueno está esto, qué excelente!" **Pero cuando hay entrega, la gente se convierte.** Hay un paso enorme entre una cosa y la otra.

Lograr que la gente quiera venir, lograr que a la gente le guste lo que le ofrecemos y que la pase bien… eso es excelencia humana. Lograr que se convierta, es entrega.

El apóstol entrega su vida. Dice san Pablo: *"Yo estoy a punto de ser derramado como una libación y el momento de mi partida se aproxima: he peleado hasta el fin el buen combate, concluí mi carrera, conservé la fe".*[95] Y en Filipenses tiene una expresión parecida.

---

[92] Mt 20,22.
[93] Cfr. Mt 20,20-22.
[94] Cfr. PPS, Sermón 20.
[95] 2 Tim 4,6.

Sin estar dispuestos a sufrir en el seguimiento de Cristo, no podemos anunciar el Reino, porque el Reino sufre violencia, dice Jesús.[96] Sufre violencia en nosotros al ser instaurado, porque nosotros combatimos el Reino en el propio corazón; y sufre también violencia en la sociedad.

Hay anti-Reino, y el sufrimiento nos madura para el Reino, para la Nueva Situación. Decía Benedicto XVI en el discurso que cité antes:

"Si no se dan las fuerzas morales en los espíritus y si no hay disponibilidad para sufrir por estos valores, no se construye un mundo mejor; al contrario, el mundo empeora cada día, el egoísmo domina y lo destruye todo. Y viendo esto surge de nuevo la pregunta: pero ¿de dónde vienen las fuerzas que nos hacen capaces de sufrir por el bien, de sufrir por el bien que me hace daño ante todo a mí, que no tiene una utilidad inmediata? ¿Dónde están los recursos, los manantiales? ¿De dónde viene la fuerza para llevar adelante estos valores? La moralidad en cuanto tal no vive, no es eficiente si no tiene un fundamento más profundo en convicciones que realmente dan certeza y dan también fuerza para sufrir porque, al mismo tiempo, forman parte de un amor, *un amor que en el sufrimiento crece y es la sustancia de la vida.* Al final, en efecto, solo el amor nos hace vivir y el amor siempre es también sufrimiento: madura en el sufrimiento y da la fuerza para sufrir por el bien…"[97]

Es el amor el que te da fuerza para sufrir; sos paciente, en el amor. Sos capaz de asumir el sufrimiento, por amor a Cristo, por amor a los demás, por amor al Reino.

El sufrimiento nos abre a la acción salvadora de Dios, nos hace más humildes; porque al decir de san Pablo: *"Cuando soy*

---

[96] Cfr. Mt 11,12.

[97] Discurso del Papa Benedicto XVI a los sacerdotes de la Diócesis de Aosta, 25 de julio de 2005 (la cursiva es mía).

débil, soy fuerte". *"Tres veces le pedí al Señor que me quitara esta espina"*, confiesa justamente San Pablo. *"Pero mi gracia te basta"*.[98]

Esta cita se usa muchas veces para hablar del pecado, pero si la leemos bien, san Pablo no se refiere ahí al pecado: se refiere al sufrimiento. Porque él padece angustias, persecuciones, límites. "Tres veces pedí que me quitara este sufrimiento"; "Te basta mi gracia, estoy con vos".

El sufrimiento te ayuda a pedir la ayuda de Dios.

Y Juan Pablo II dice:

"Puede afirmarse que junto con la Pasión de Cristo, *todo sufrimiento humano se ha encontrado en una nueva situación. En la cruz de Cristo, no sólo se ha cumplido la Redención mediante el sufrimiento, sino que el mismo sufrimiento humano ha quedado redimido"*.[99]

Ya no hay sufrimiento sin sentido. El mismo sufrimiento ha quedado redimido y se ha transformado en camino de conversión y de configuración con Cristo.

Respecto de eso, edifica mucho ver con qué espíritu de fe afrontan tantas personas el sufrimiento que les toca atravesar, y cómo la fe las fortalece.

• Ejercicio

Por eso me gustaría preguntarte…

1. ¿Cuáles son tus sufrimientos? Hacé una lista de tus sufrimientos. ¿Cuáles son las cosas/situaciones que hoy te hacen sufrir? Enumeralas sin despreciar ninguna y sin juzgarlas.

Y después, preguntate:

---

[98] Cfr. 2 Cor 12,8.
[99] Juan Pablo II, *op. cit.*, 19.

93

2. ¿Dónde están las raíces de esos sufrimientos? ¿Son sufrimientos que brotan de tu propia fragilidad o de tu propio pecado? ¿Brotan de la susceptibilidad o del egoísmo? ¿De tus propios complejos o de tus propias obsesiones?

Podés encontrar esas raíces en tu propio corazón, como la susceptibilidad, el egoísmo, los complejos, las pasiones –algunas pasiones nos hacen sufrir–, las obsesiones, las angustias, las envidias, la soledad... *Podemos ofrecer cada uno de nuestros pecados como un sufrimiento. No en su esencia de pecado sino en lo que ese pecado nos hace sufrir*: "Señor, no es que te ofrezco mi pecado; te ofrezco el sufrimiento que me causa esto, que lo quisiera sacar de mí, pero no tengo fuerza... ¡Te lo ofrezco!".

3. En tercer lugar, preguntate si tenés algún sufrimiento que provenga del amor...

Si sufrís por los demás. Si sufrís porque los demás no conocen a Cristo.

Si sufrís por los pobres.

Si sufrís por la gente que está en los programas de evangelización. Si sufrís por los sufrimientos de los otros.

¿Cuántos de tus sufrimientos son narcisistas o egocéntricos y cuántos son sufrimientos que vienen de la providencia de Dios, que vos podés aprovechar más? Unos –los sufrimientos más egocéntricos– los podés ofrecer con humildad: "Señor, tengo estos sufrimientos, y te los ofrezco".

Pero los otros son más valiosos todavía, porque te indican que vas avanzando en la configuración con Cristo. Son los sufrimientos apostólicos. ¿Tenés de esos?

4. Luego me gustaría que te preguntaras:

- ¿Cómo sos/actuás delante del sufrimiento?

- ¿Qué capacidad de visión sobrenatural tenés?

- ¿Cuánta cuota de sufrimiento estás dispuesto a aceptar en tu vida?

- ¿Te das cuenta de que vas siendo un poco más sufrido, de que vas saliendo de la frivolidad?

Dicen que cuando Don Bosco se ordenó sacerdote, su madre le dijo: "¡Ya eres sacerdote, Juan! Ahora estás más cerca de Jesús. Acuérdate que comenzar a decir misa es lo mismo que empezar a sufrir". Y es así, porque la misa es la renovación del sacrificio de Cristo en la cruz. El sacerdote dice: "Mi cuerpo, mi sangre". Y ahí van, junto al Cuerpo y la Sangre de Cristo, también su propio cuerpo y su propia sangre. Si no existe esa entrega, la misa se convierte en un rito exterior, por lo menos para el sacerdote; podrá servirle a los demás. Pero si no va él en esa entrega...

Y pidámosle a Cristo un amor más grande, un amor más sufrido. ¿De dónde sacaron su fuerza los mártires o los misioneros que se iban —y se van— tan lejos a proclamar la Buena Noticia del Reino... ¿De dónde sacan el amor? ¿Son superhéroes? No. Han pedido el amor y lo han recibido; han contemplado la cruz de Cristo y lo han recibido.[100]

---

[100] Cuenta el Card. Sarah sobre el trabajo de los misioneros franceses en su Guinea natal: "Vivieron tres meses acampados en el bosque. No tenían nada, pasaban hambre y eran víctimas de la hostilidad (…) Todas las mañanas, después de misa, el padre Orcel cogía la paleta y el martillo y se ponía a construir una casa provisional donde alojarse. Seis meses después, el padre Montels cayó gravemente enfermo: estaba físicamente agotado. Después de que Dios le llamara a su presencia el 2 de septiembre de 1912, se convirtió en la «piedra» fundacional de la misión. Todas las tardes los padres de Ourous reunían a los niños junto a una gran cruz colocada en el patio de la misión, como para simbolizar el corazón y el centro del poblado. Nosotros la veíamos desde lejos: ¡orientaba toda nuestra vida! Alrededor de esa cruz nos educábamos humana y espiritualmente. Allí, cuando el sol aún no se había puesto, los misioneros nos iniciaban en los misterios cristianos. (…) En este contexto, esos hombres de Dios aceptaban grandes sacrificios y asumían un montón de privaciones sin una sola queja, con una generosidad inagotable. Los habitantes del poblado les ayudaron a construir sus chozas. Luego, poco a poco, fueron levantando juntos una iglesia. El lugar de culto lo decoró el padre Fautrard…". Card. Sarah, *Dios o nada*, Palabra, Madrid, 19 y 26.

5. Para terminar este ejercicio, te sugiero que contemples la cruz de Cristo en tu habitación. Que cierres la persiana, te arrodilles sobre una frazada o manta para poder permanecer de rodillas más tiempo, y mires la cruz de Cristo. Mirala. Podés ayudarte con algún texto de los Evangelios. Y hacelo sin ningún otro objetivo que contemplar la cruz de Cristo.

Gloria al Padre, al Hijo y al Espíritu Santo. Como era en el principio, ahora y siempre por los siglos de los siglos. Amén.

FELICES LOS PACIENTES (II)

El saber esperar

El segundo aspecto de la paciencia es el saber esperar. Que es un uso popular de la palabra: "Sé paciente" o "No te impacientes", cuando tenés que esperar tu turno en un consultorio o en un banco.

Y me parece muy importante el ser paciente en este sentido, porque permite aspirar a lo grande y a la vez ser fiel a lo pequeño.

He conocido mucha gente con deseos grandes pero con impaciencia; entonces, no logran conectar ese deseo grande con el paso de hoy. El *sentido religioso de la vida es la capacidad de conectar el momento presente con la totalidad de sentido.*[101] La persona que es capaz de conectar lo que hace ahora con la totalidad de sentido, de quién es, adónde va... es una persona que tiene un hondo sentido religioso.

Y pienso que la *paciencia va en esa línea: paciente –en este segundo aspecto del que hablamos– es aquella persona capaz de conectar lo grande con lo pequeño.*

Me parece muy importante trabajar y pedirle a Dios una paciencia que se haga virtud, que se vaya encarnando en nosotros.

Fíjense por ejemplo lo que dicen las Constituciones de la Sociedad San Juan acerca de la formación sacerdotal, hablando del postulante; cómo insisten en la constancia, en la pacien-

---

[101] Cfr. LUIGI GIUSSANI, *El sentido religioso*, Agape Libros, Buenos Aires, 2011.

cia, en la fidelidad a lo ordinario: *"De este modo (el postulante) irá adquiriendo la fortaleza de su voluntad por el ejercicio ordinario de la búsqueda del deber"*.[102] Y también: *"La grandeza de ánimo ante las cambiantes circunstancias de la vida, el amor a la cosa bien hecha, la constancia en los propósitos, y sobre todo, la perseverancia paciente en el plan de vida trazado"*.[103] Les recomiendo especialmente esa lectura.

En el número siguiente dice: *"Se le ayudará a formar su carácter, su estilo propio y personal; es preciso que logre el dominio de los impulsos y caprichos del temperamento juvenil, junto con el conocimiento de la propia persona, de sus virtudes y defectos; que sepa corregir lo excesivo o faltante en cuanto al trato y al amor al prójimo"*.[104] Ser paciente: conectar lo grande con lo pequeño.

Un deseo humano al servicio del Reino de Dios

Primero, ser paciente con la obra de Dios hacia afuera. Pienso que es muy importante que deseemos cosas grandes para la Sociedad San Juan; que deseemos verla crecer, porque es un deseo humano justo, bueno, positivo, encausado en el servicio del Reino de Dios. Siempre existe un deseo humano de crecer; si una persona es dueña de una ferretería, querrá que se vendan sus productos, que la ferretería crezca, que le vaya bien y poder abrir cada vez más sucursales. El deseo humano de crecer me parece muy positivo.

Si una persona no tiene deseos de crecer, es un poco abúlica. Pero acá en la Sociedad San Juan ese deseo humano está integrado a algo mucho más grande; se trata de un deseo transformado, transfigurado en la fe, que se orienta claramente hacia el crecimiento del Reino y a que Jesús sea conocido, amado y servido.

---

[102] Estatuto 72.

[103] *Ídem*.

[104] Estatuto 73.

La SSJ se constituye en instrumento de esta misión. Y ustedes son protagonistas de la historia de esta Sociedad que recién comienza, puesto que se fundó hace quince años; me parece muy importante que ustedes tengan ese deseo de ver crecer a la SSJ.

Yo pienso: ¿Cuándo podremos abrir una casa en tal lugar? Me encantaría, porque conocemos al obispo, nos ha invitado, conocemos la ciudad, vemos que hay muchísimos jóvenes, muchas universidades, una ciudad muy universitaria; y nosotros podríamos ofrecer una buena colaboración en éste ámbito.

Se podría hacer un gran trabajo allí. Y me da impaciencia saber que todavía no podemos trabajar ahí, y que hay jóvenes que podrían beneficiarse con nuestro trabajo; pero sé que es una buena impaciencia. *Hay que ser paciente para no desanimarse*; hay que ir de a poco, paso a paso.

El desánimo es como la contracara de la impaciencia. El impaciente se consume en la entrega de un momento, después se desanima. El paciente es como la tortuga. ¿Conocen la fábula de la tortuga y la liebre? Mientras la liebre corre y se distrae, la tortuga va paso a paso y avanza sin prisa y sin pausa.

La tierra que heredarán los pacientes

Es importante querer heredar la tierra: *"Felices los pacientes porque heredarán la tierra"*.[105] La tierra prometida en la Biblia es el don de Dios a su pueblo: *"Van a heredar una tierra que yo les daré, que mana leche y miel"*,[106] que tiene resonancias escatológicas. De algún modo, ya en la misma promesa de la tierra se dejaba ver que era más que una tierra lo que Dios estaba prometiendo; porque en realidad de la tierra no manan leche y miel ¿no?

---

[105] Mt 5,4.
[106] Cfr. Ex 33,3ss.

Es decir que ya estaba prometida una tierra más grande, que es el Reino. Es la promesa de un mundo transfigurado, donde el mensaje de Jesús sobre la Vida Nueva sea encarnado en muchas personas, y el Reino crezca y avance; y podamos vivir como hijos del Padre, como hermanos en un mundo más justo, más fraterno, más luminoso, donde no haya muerte ni pecado, ni injusticia ni dolor. *Hacia eso vamos, eso acontecerá porque Dios triunfará.*

Los pacientes van a heredar ese Reino de Dios. *Lo heredaremos. Mientras tanto, vamos trabajando.*

Pienso que el desafío es por un lado, aspirar a lo grande; y por otro lado, ser fieles a lo pequeño; esa es la paciencia. A veces he escuchado algunos discursos en la Iglesia –que yo llamo "las teologías del fracaso"– que espiritualizan la pusilanimidad, casi como si condenaran el éxito.

Ridiculizando esto un poco desde el humor, en las teologías del fracaso se postula tácita o explícitamente que si uno es un buen cristiano debería irle mal, debería fracasar; básicamente tendría que ser fiel pero no exitoso, como si fueran dos cosas opuestas. "Y si sos exitoso desconfiá, porque si a Jesús le fue mal, ¿por qué a vos te va a ir bien?" Algo así...

Pero a Jesús no le fue mal: le fue bien. Él fue siguiendo paso a paso el plan de amor del Padre. Y cuando subió a la cruz, fue para resucitar.

Tuvo que enfrentar el dolor, la soledad, la traición y la cruz, pero yo no llamaría a eso un fracaso. Justamente, como decíamos antes, es la victoria de la cruz. Pareció un fracaso en su momento; sin embargo, fue un éxito. Imprevisible para muchos, pero no para Cristo. Él ya había anunciado que *"El cielo y la tierra pasarán, pero mi palaba no pasará"*.[107]

Por eso me parece difícil ese equilibrio: quienes aspiran a lo grande, pueden no ser pacientes en lo pequeño. Y quienes se quedan en lo pequeño, pueden dejar de aspirar a lo grande.

---

[107] Mt 24,35.

Entonces podría suceder que nos quedáramos con lo pequeño y lo teologizáramos, por ejemplo: "Lo importante es esta persona a la que voy a visitar"; "Lo importante son estos cinco chicos de catequesis porque cada alma vale como un millón; para Dios no hay números…".

Es verdad; obviamente cada persona tiene una dignidad insondable. Pero a veces eso justifica una falta de magnanimidad, una falta de celo apostólico. Es cierto que cada alma vale como un millón; ¡pero también lo es que el Señor quiere que muchas almas se salven!

Buscando, trabajando, orando… ¡se logra!

Por eso insisto en que la paciencia permite vincular lo pequeño con lo grande: ser fiel a lo que tenés que hacer.

Cuando llegué a Portland, eran ocho chicos en el Newman Center. Les confieso que me desanimé un poco, porque la universidad tiene veinte mil alumnos y después de dos años de trabajo allí, había sólo 8 jóvenes. Eso sí, eran muy buenos chicos y estaban muy motivados.

Yo dije: "¡Señor, ayudame con esto!". Estaba trabajando con los chicos uno de los diáconos, que había recogido lo que había hecho otro de los sacerdotes; y la verdad es que ambos son excelentes. A ellos les tocó la parte más dura: romper la tierra, empezar de cero, sembrar la semilla, digerir las primeras dificultades. Yo llegué justo en la primera noche del "curso Fragua", y se sumaron cuarenta jóvenes; llegué cuando estaba rebotando el fracaso y las cosas estaban empezando a mejorar.

Y bueno, trabajamos mucho con esos ocho chicos; le apostamos todo a ese curso, hicimos tutorías con cada uno; fue un muy buen curso. Con ese grupo organizamos el siguiente "curso Fragua". Y se sumaron veintitrés más, que después siguieron participando, y armamos la perseverancia.

A los ocho iniciales se les propuso un camino de profundización. El P. Lucas, otro de los sacerdotes de la SSJ que trabaja en Portland, les dio el curso de Antropología Teológica a esos ocho todas las semanas. *Invertimos* todo en esos

101

ocho. ¡Y eso dio fruto! A fin de año había una comunidad consolidada de treinta chicos, que había crecido mucho; a mí me parece un crecimiento enorme. Pasamos de ocho a treinta ¿no? Estoy feliz.

Ahora estoy rezando para que perseveren durante el verano... ¡Y ojalá que el año que viene podamos ser más! Pasar de treinta a cincuenta, por ejemplo. Pero yo no quiero ni voy a renunciar a aspirar a un Newman Center que tenga trescientos chicos. No digo mil, pero sí que sea algo cada vez más exitoso, que siga generando ganas de estar allí, que se llene de jóvenes y que ellos se puedan sentir orgullosos de ser parte del Newman Center.

Pienso que lo vamos a lograr, que Dios quiere eso; no sé si este año, el otro o el otro, pero buscando, trabajando, orando, de a poco, paso a paso... ¡se logra!

Pacientes en nuestro camino al sacerdocio

A veces se logra con más facilidad, a veces con menos. En Montevideo recién comienzan y ya tienen un grupo grande de universitarios. Han trabajado para eso, desde ya. Pero bueno, pareciera ser que el campo es más fértil. Acá hay que trabajar la tierra... pero se logra, hay que ser paciente. Si no sos paciente, o renunciás: "con las ocho almas estamos bien" y hacés una teologización de eso, o empezás a acusar: "No, lo que pasa es que acá es una universidad que no viven, van y vienen" o "No, lo que pasa es que es una ciudad muy liberal"; "es el Estado con menos participación en la Iglesia, justamente Oregon...". Muy bien, pero con ese diagnóstico ¿qué hacés? Bárbaro, te justificás, lograste explicar sociológicamente por qué te va mal... ¿Y? ¿Qué vas hacer? ¿Vas a quedarte en eso?

En todo caso, el camino de la evangelización, sobre todo de la Nueva Evangelización, por ser en la frontera de la Iglesia,[108]

---

[108] Justamente porque la nueva evangelización se dirige a los que son católicos pero que están alejados, que no participan. Es una tarea de frontera en el sentido en que hay que salir de los límites conocidos,

necesita de paciencia. Si no sos paciente no podés crecer, porque no siempre las cosas se dan tan rápidamente. *Hay que esperar trabajando; la paciencia no es tirarse a dormir la siesta...*

La paciencia es el trabajo constante, sereno, confiado y minucioso, serio, profesional y lleno de fe que al final... da sus frutos.

Acá en Pilar fue así. Me acuerdo de hace cinco años, cuando no podíamos reunir a jóvenes que perseveraran en un programa. ¡No había manera! Venían a la misión, después se iban, aparecían otros. No le encontrábamos la vuelta al asunto...

Bueno, hoy Fragua está creciendo y eso nos llena de alegría; pero no fue de un día para el otro. El VAE también sigue creciendo y vemos que hay más esperanza, pero costó mucho trabajo, análisis, esfuerzo... y mucha oración.

El otro día fui a uno de los barrios y me acordaba de las historias de los primeros que iban, de cómo les costaba que los recibieran en las casas, de la dificultad para convocar a la gente, del ambiente desolado en las pocas reuniones en la Capilla que podían armar. No les digo que ahora tengamos una multitud imposible de contar, pero hay una comunidad joven que da esperanza; eso se logró con paciencia. Y cuando vas caminando por primera vez en ese barrio decís: "¿Qué voy a poder hacer acá en este barrio, con tantas personas que tiene? ¿Qué puedo hacer yo?"

Newman explica ese sentimiento cuando describe a Pedro llegando a Roma, perdido entre una multitud indiferente u hostil.[109] ¡Sin duda a veces te puede ganar el desánimo cuan-

---

del grupo de personas que viene, para aventurarse más allá y conectar con los que no llegan.

[109] "Veía en torno suyo las muestras de un poder magnífico, convertido en un establecimiento político tangible, maduro en su religión, sus leyes, sus tradiciones ciudadanas y su expansión imperial a través de varios siglos, mientras que él no era sino un pobre extranjero entrado en años, en nada diferente de la multitud: un egipcio, un caldeo, quizás un judío o un oriental, como pensarían los transeúntes a la vez

do ves la cantidad de gente a la que querés llevarle la Buena Noticia!

Yo, por ejemplo, cuando comencé a viajar más, tomé conciencia de que las terminales de ómnibus me resultaban agresivas. Pensaba: "Tanta gente que va y viene... ¿adónde van? ¿Cómo podemos evangelizar esto? ¿Cómo hacemos para llevar a la unidad en Cristo un mundo tan variado?".

Bueno, con paciencia. Primero es bueno saber que no estamos solos; nosotros somos una parte mínima de una Iglesia que tiene miles de millones de personas.

Está en nosotros hacer nuestra parte. Pero con magnanimidad y con paciencia; paso a paso.

Y también paciencia porque algunos de ustedes ya son adultos, ¿verdad? Aquí algunos tienen alrededor de 30 años y están comenzando su camino hacia el sacerdocio. Bueno, paciencia; cada uno tiene su historia, su pre-historia, su providencia. El P. Máximo a los 28 ya era sacerdote. Bueno, él tuvo la alegría de poder decir que sí cuando estaba en la secundaria y así Dios lo llamó. Otros tienen otra historia; fueron convocados ya más grandes, ¿no?

El que tiene más edad necesita más paciencia. Me imagino que pensará: "¿Hasta cuándo voy a estar acá?" o "¡Uf! Me quedan cuatro, cinco años más todavía; esto no se termina más...". Bueno, como venimos diciendo, hay que ser pacientes e ir paso a paso.

Por otro lado, ya ahora nuestra vida tiene un sentido. No es que solo tiene sentido al terminar la formación y ordenarnos sacerdotes. Vamos, durante el proceso, haciendo apostolado y estudiando. Sin embargo, es una vida más oculta, eso no se

---

que le miraban con indiferencia y sin la más remota idea de que este hombre estaba destinado a iniciar una edad religiosa en la que ellos podrían gastar dos veces sus propios tiempos paganos y no ver todavía el fin". J. H. NEWMAN, "Perspectivas del predicador católico", en *Discursos sobre la Fe*, RIALP, Madrid, 1981.

puede negar. Y nosotros tenemos vocación para la vida pública, para el apostolado, para la acción misionera.

Por eso hay que ser paciente y eso va forjando un carácter y da frutos. Es como lo explica Jesús: el sembrador fue y sembró. De a poco, de noche y de día, todo lo sembrado crece. Experimentamos en esa parábola la paciencia de Dios y también somos convocados a ejercitar la paciencia propia del cristiano.

La paciencia del sembrador

Dice Benedicto XVI:

"El trabajo de Dios había empezado con gran entusiasmo; se veía que los enfermos se curaban; todos escuchaban con alegría la Palabra: «El Reino de Dios está cerca». Parecía realmente que el cambio del mundo y la llegada del Reino de Dios serían inminentes; que por fin la tristeza del pueblo de Dios se había transformado en alegría; se estaba a la espera de un mensajero de Dios que tomaría las riendas del timón de la historia.

Luego vieron que los enfermos habían sido curados, los demonios expulsados y el Evangelio anunciado, pero por lo demás, el mundo se había quedado como estaba. No cambiaba nada: los romanos seguían dominando, la vida de todos los días era difícil a pesar de estas señales, de estas bonitas palabras y así el entusiasmo se apagaba. Y al final, como sabemos por el capítulo sexto de Juan, también los discípulos abandonaron a este predicador que predicaba pero que no cambiaba el mundo. «¿Cuál es este mensaje?»; «¿Qué anuncia este profeta de Dios?» se preguntaban todos al final.

El Señor habla del sembrador que siembra en el campo del mundo y la semilla, al igual que su palabra y sus curaciones, parecen algo realmente pequeño en comparación con la realidad histórica y política. Como la semilla es pequeña y relevante, también lo es la palabra. Sin embargo, en la semilla está presente el futuro, porque la semilla lleva en sí el pan del mañana, la vida de mañana.

La semilla parece como casi nada; sin embargo, *la semilla es la presencia del futuro; ya es promesa presente hoy.* Y así con esta parábola dice: «Estamos en el tiempo de la siembra». La palabra de Dios parece solo palabra, casi nada. Pero tened ánimo; esta palabra lleva en sí la vida y lleva fruto.

Yo pienso que no hay una receta para un cambio rápido; tenemos que caminar, atravesar este túnel con paciencia[110], con la certeza de que Cristo es la respuesta y de que al final, aparecerá de nuevo su luz".[111]

¡Qué palabras realistas pero sabias y esperanzadas en la paciencia!

"Entonces la primera respuesta es la paciencia, con la certeza de que sin Dios, el mundo no puede vivir; el Dios de la revelación y no cualquier dios. El Dios que ha mostrado en Jesucristo su rostro; este rostro que ha sufrido por nosotros; este rostro que transforma el mundo como el grano de trigo caído en tierra. Así pues, debemos tener nosotros mismos esta profunda certeza de que Cristo es la respuesta y de que, sin el Dios concreto, el Dios con el rostro de Cristo, el mundo se autodestruye"[112].

¡Cuánta verdad hay en esto! *Sin la cruz de Cristo y sin sus enseñanzas, el mundo se autodestruye.*

---

[110] Se refiere al túnel de la secularización europea.
[111] Discurso del Papa Benedicto XVI a los sacerdotes de la Diócesis de Aosta, 25 de julio de 2005.
[112] Ídem.

Ministros del futuro del mundo

"El primer punto de mi respuesta es: en todo este sufrimiento, no sólo no hay que perder la certeza de que Cristo es realmente el rostro de Dios, sino que además, hay que profundizar en esta certeza y en la alegría de conocerla, y ser por tanto, ministros del futuro del mundo. Del futuro de cada hombre, y hay que profundizar esta certeza en una relación personal y profunda con el Señor".[113]

¿Les gustó este texto? Es largo pero vale la pena. Somos ministros del futuro del mundo en Cristo Jesús; y para eso hace falta paciencia, saber esperar. No hay cambio rápido.

La formación de la SSJ es lenta, eso es así. Porque nosotros *creemos que no hay cambios rápidos ni mágicos. La Nueva Situación es rápida en el sentido de que uno pasa de la oscuridad a la luz en el instante mismo de la conversión, pero esa realidad es todavía una semilla.*

Esa semilla tiene que arraigar, madurar, como sucede con la imagen del agua del profeta Ezequiel, que sale del templo y va irrigando los campos, hasta el mar.[114] Así es el agua de la Vida Nueva: tiene que ir inundando el campo de la vida, de a poco.

La paciencia es fortaleza para trabajar con ánimo, esperanzadamente; con ánimo grande, magnánimamente, pero con fidelidad a lo pequeño: al estudio de hoy, al apostolado de hoy, a esta persona que me viene a ver... En realidad ese tipo de paciencia se necesita no sólo en la formación sino siempre.

El amor siempre es concreto. Newman se explaya sobre el hecho de que nuestra capacidad de irradiar siempre es limi-

---

[113] *Ídem.*
[114] Cfr. Ez 47.

tada a un número concreto de personas;[115] *"Cor ad cor"* –de corazón a corazón– por más que sean mil, dos mil, diez mil personas. La paciencia implica esa fidelidad a lo concreto junto con el deseo de lo grande.

La necesidad de los grandes deseos

El que no tiene deseos grandes, tiene pretensiones. Porque los grandes deseos del Reino se cultivan en la firme determinación de poner a Cristo en el centro, y desde ahí a los demás. Pero, si no se cultivan esos grandes deseos, esas santas ambiciones, se corre el peligro de ambicionar para uno mismo, para la propia fama, gloria, poder o comodidad. Si ustedes no tienen deseo de que la SSJ crezca, y bueno... vivirán de lo que hayamos podido hacer los primeros... o de lo que hizo Dios, pero estarán viviendo de lo que nosotros trabajamos, fuimos, abrimos. "A ver: ¿dónde me toca ir a mí? Me toca ir a Córdoba, me toca ir allá. ¿Cuál es mi puesto? ¿Cuál es mi oficina? ¿Cuál es mi despacho? ¿Cuál es mi...?" *Si no tienen deseos grandes, van a pretender: o sea que van a pensar o decir: "Ahora que me ordené sacerdote, ¿qué me toca?" En vez de decir: "Mándenme a la frontera" o "¿Dónde puedo yo enterrarme?" ¿Se dan cuenta?*

Es necesario tener grandes deseos de crecimiento, de que haya muchas vocaciones. Porque si vos crees que estamos llevando adelante la obra de Dios... ¿cómo no vas a querer que crezca?

Hay un texto que siempre me conmueve; es un manuscrito medieval, quizás lo leyeron alguna vez. Dice así:

"Un sacerdote debe ser muy grande y a la vez pequeño, de espíritu noble como si llevara sangre real y sencillo como el labriego; héroe por haber triunfado

---

[115] Cfr. J. H. NEWMAN, "La influencia personal, método para propagar la verdad" en *Discursos sobre el fin y la naturaleza de la educación universitaria*, Eunsa, 1996.

a sí mismo y hombre que llegó a pelear contra Dios, fuente inagotable de santidad y pecador a quien Dios perdonó. Señor de sus propios deseos y servidor de los débiles y vacilantes. Uno que jamás se doblega ante los poderosos y se inclina no obstante ante lo más pequeño. Y es dócil discípulo de su maestro y caudillo de valientes combatientes, pordiosero de manos suplicantes y mensajero que distribuye a manos llenas, animoso por la prudencia de sus consejos, y niño por la confianza en los demás; alguien que aspira siempre a lo más alto y amante de lo más humilde. Hecho para la alegría y acostumbrado al sufrimiento; ajeno a toda envidia, transparente en sus pensamientos y sincero en sus palabras; amigo de la paz, enemigo de la pereza, seguro de sí mismo".[116]

Junta lo grande y lo pequeño, y para eso... la paciencia. *Yo miro para atrás, contemplo el paso de los años y me sorprende la obra de Dios. Me parece enorme en nosotros y poco a la vez. Y está bien que así sea.*

Por un lado, uno se sorprende con las cosas que se fueron dando; pero por otro lado, siente que es poco porque el deseo es mayor.

No irritarse

El tercer sentido de la paciencia es el más coloquial de todos: el de no irritarse. Una persona impaciente es una persona que se irrita, que se enoja. Este sentido hace referencia a la mansedumbre, característica de Cristo de acuerdo con sus mismas palabras: *"Yo soy manso y humilde de corazón";*[117] así se describe a sí mismo.

Es continua la exhortación a la mansedumbre en la palabra de Dios: *"Como elegidos de Dios sus santos y amados, revístanse de*

---

[116] De un manuscrito medieval encontrado en Salzburgo.
[117] Mt 11,29.

sentimientos de profunda compasión, practiquen la benevolencia, la humildad, la dulzura, la paciencia". Y después dice: "Sopórtense los unos a los otros y perdónense mutuamente siempre que alguno tenga motivo de queja contra otro. El Señor los ha perdonado, hagan ustedes lo mismo. Sobre todo revístanse del amor, que es el vínculo de la perfección".[118]

Un texto muy realista: "Sopórtense, perdónense, ténganse paciencia". Si somos todos pecadores, ¿qué vamos a pretender? Es como si no termináramos de creer estas palabras, me parece. A mí por lo menos, me cuesta creer que es así. Soy un poco idealista y a veces pienso: "Es que nosotros, que somos consagrados, o misioneros, o aún cristianos ya probados, no deberíamos tener que enfrentar estas rispideces, o estas dificultades para comunicarnos mejor, o esta resistencia a perdonar, o para servir con mayor generosidad…" Sin embargo, ¿por qué dice san Pablo "perdónense, sopórtense"? ¡Porque lo necesitamos!

En Efesios 4,1-3, se dice: "Con mucha humildad, mansedumbre y paciencia, sopórtense mutuamente por amor". Evidentemente, la vida en común no es solamente soportarse: es quererse, llevarse bien, dialogar, es generar alegría. Pienso que es más luz que tinieblas, por supuesto.

Los que han tenido que vivir solos lo saben y valoran más la vida en común. El otro día charlaba con un sacerdote que estuvo un año solo, y me decía cómo valoraba aún más la vida juntos. Porque estás solo durante un año y lo sentís. Es lindo estar una semanita solo, dos también, hacer lo que uno quiere… pero después pasa el tiempo y ¡te la regalo estar solo! La vida común es una gran cosa, por algo Jesús quiso vivir con los doce. Pero bueno, a veces hay que soportarse también; es así, ¿no? Y para eso hay que ser pacientes.

---

[118] Col 3,12-14.

El amor propio

Por eso, los invito a revisar su paciencia con aquellos con quienes conviven.

Tu capacidad de soportar con amor los límites de tu hermano. La Sociedad San Juan no es un club donde nos juntamos los que queremos; es una sociedad, una comunidad que reúne a quienes Jesús quiere reunir. Al club van los que son parecidos. Acá no, acá nos congrega Jesucristo. Si no, no habría vida cristiana ni habría santidad.

Dice San Pablo: *"Hermanos: si alguien es sorprendido en alguna falta, ustedes los que están animados por el Espíritu, corríjanlo con dulzura"*.[119] Dice "corregir con dulzura", no con acritud, con amargura, con irritación. También está en Rom 12,9 en adelante.

El amor propio es la raíz de la ira. La ira, la irritación, nacen del excesivo apego del ser humano a sí mismo y a sus bienes, tanto materiales como espirituales: su honra, su lugar, su fama, su comodidad, sus ganas.

Yo me animo a decir que el noventa por ciento de las iras –si no más– nacen del amor propio, tengamos o no tengamos razón. Podemos tener razón; pero la ira que nace del amor propio nos lleva a decir las cosas de un modo áspero, agresivo, hiriente, cuando podríamos hacerlo de tantas otras formas más positivas y constructivas.

¿De dónde viene la ira? La Palabra de Dios lo dice: *"¿De dónde provienen las luchas y querellas que hay entre ustedes, no es precisamente de las pasiones que combaten en sus propios miembros?"*.[120] Vienen de ahí. Quizás el diez por ciento puedan ser iras santas, confrontaciones evangélicas, por la gloria de Dios y por el celo de los demás, puede ser; como le pasó a Jesucristo y también a algunos santos; pero es un porcentaje muy pequeño.

---

[119] Gál 6,1.
[120] Sant 4,1.

Y también están los mismísimos textos del Sermón de la Montaña: *"Ustedes han oído que se dijo a los antepasados: «No matarás», y el que mata será condenado por el tribunal. Pero yo les digo que todo aquel que se irrita contra su hermano será condenado por el tribunal. Y todo aquel que lo insulta será castigado por el Sanedrín. Y el que lo maldice, será condenado a la Gehena de fuego".*[121] Es claro el mensaje de Jesús: irritarse, insultar y maldecir merecen condena. Y también nos dice: *"Por lo tanto, si al presentar tu ofrenda en el altar te acuerdas de que tu hermano tiene una queja contra ti, deja tu ofrenda en el altar, ve a reconciliarte con tu hermano y solo entonces vuelve a presentar tu ofrenda".*[122]

Y después: *"Ustedes han oído que se dijo: «Ojo por ojo y diente por diente». Pero yo les digo que no hagan frente al que les hace mal: al contrario, si alguien te da una bofetada en la mejilla derecha, preséntale también la otra".*[123] ¡Cuántas oportunidades tenemos de hacer esto en la vida en común, de practicar esta enseñanza de Jesús, que es radical, y cuánta libertad interior nos da!

"Al que quiera hacerte un juicio para quitarte la túnica, déjale también el manto; y si te exige que lo acompañes un kilómetro, camina dos con él. Da al que te pide, y no le vuelvas la espalda al que quiere pedirte algo prestado".[124] Hay muchas posibilidades de vivir estas palabras, así literalmente, ¿no?

El otro día le pedí a uno de ustedes un buzo para salir a correr: "Te lo regalo", fue la respuesta. "No, esperá, lo quiero para salir a correr nomás", contesté. "Quedátelo. ¿Lo necesitás? Es tuyo". Es una alegría poder vivir en una comunidad donde el Evangelio se vive a diario, donde se da un auténtico compartir de los bienes, espirituales y materiales.

---

[121] Mt 5,21ss.
[122] Mt 5,24.
[123] Mt 5,38-48.
[124] Mt 5,40-42.

La mansedumbre

Podríamos hacer incontables aplicaciones del modo de practicar la mansedumbre. Por ejemplo, el que se sugiere en el documento sobre las costumbres en la SSJ:

- Desterrar la dureza.
- Desterrar la amargura.
- Desterrar el querer tener siempre razón.
- Ofrecer siempre una acogida sencilla y cordial.

Tiene dos consecuencias:

- En primer lugar, perfecciona a quien lo alcanza – como sucede con cualquier virtud– y ordena en la paz la relación entre los hermanos.
- Quien es dueño de su orden interior derrama la paz a su alrededor, porque la paz es fruto del orden.

La persona paciente, en este sentido –que no se irrita–; la persona que ha logrado esa mansedumbre que surge del amor y de la fe, llega a ejercer mucha influencia, irradia a Cristo. Excluyo aquí a la pusilanimidad, que es la actitud de quien no se puede enfrentar con nada ni con nadie; porque la pusilanimidad nace del miedo, y lo que nace del miedo es destructivo para uno mismo y para los demás. Pero lo que nace del amor se irradia muchísimo y hace mucho bien. Decía san Francisco de Sales que una gota de miel atrae más moscas que un barril de vinagre.

Recordemos la recompensa: poseer la tierra, como una imagen de lo que será el final, pero que ya se manifiesta ahora como una paz, una alegría espiritual. La mansedumbre logra la estabilidad en Dios.

- Ejercicio

Les propongo leer parte del capítulo "Modo de vida", de las Constituciones, que nos puede ayudar. Por ejemplo:

113

"Ejercitamos entre nosotros la corrección fraterna y recibimos con sencillez los avisos de los superiores con nuestros compañeros".

"Sabemos perdonar y pedir perdón, tratando de eliminar de nuestros juicios toda sentencia implacable, y de nuestro corazón todo resentimiento".

Estos dos textos nos abren el camino para evaluarnos también en nuestro trato y nuestro modo de relacionarnos con los demás en cada ámbito de convivencia.

El ejercicio consiste en orar en estos dos sentidos: el de saber esperar y el de no irritarse, para heredar la tierra.

Y sin más dilación terminamos esta charla.

Gloria al Padre, al Hijo y al Espíritu Santo, como era en el principio, ahora y siempre, por los siglos de los siglos. Amén.

FELICES LOS AFLIGIDOS

Comenzamos esta meditación con la *Cenicienta* de las Bienaventuranzas; la que nunca nadie elige: *"Felices los afligidos porque serán consolados".*[125] Es, evidentemente, una de las más difíciles de elegir porque no comporta una virtud a primera vista. Ser paciente, ser misericordioso, tener alma de pobre, trabajar por la paz, buscar la justicia... son todas virtudes, implican un bien; mientras que estar afligidos no pareciera ser una virtud en primera instancia.

La aflicción espiritual

Casi suena como una contradicción: "Felices los infelices", los que están afligidos. Sin embargo, como en todas las Bienaventuranzas, hay un primer nivel más material en el cual se aplica: "Cuando estés afligido, sabé que serás consolado, que Dios no está mirando para otro lado, que Él ve tu aflicción".

Es interesante, porque en el Antiguo Testamento está el libro de las Lamentaciones, en el cual el autor inspirado se lamenta por la caída de Jerusalén.

Y dice el Catecismo de la Iglesia Católica que *en la oración cristiana, la lamentación dejó de tener lugar;*[126] que la lamen-

---

[125] Mt 5,5.

[126] Por ejemplo en el número 2630: "El Nuevo Testamento no contiene apenas oraciones de lamentación, frecuentes en el Antiguo Testamento. En adelante, en Cristo resucitado, la oración de la Iglesia es sostenida por la esperanza, aunque todavía estemos en la espera y tengamos que convertirnos cada día. La petición cristiana brota de otras profundidades, de lo que san Pablo llama el *gemido*: el de la creación «que sufre dolores de parto» (*Rm* 8,22), el nuestro también en la espe-

115

tación de Israel es una angustia muy desesperanzada expresada delante de Dios; una especie de grito de dolor ante Dios pero que no atisba mucha solución. A partir de la Resurrección dejó de tener lugar este tipo de oración de pura lamentación, ya que fue asumida en la esperanza cristiana.

Así y todo, los seres humanos nos lamentamos; pasamos por distintos llantos, diversas dificultades en la vida. Pues bien: "Serán consolados". Esa es la esperanza cristiana.

Las lágrimas del apóstol

Pero vamos a encararla desde un punto de vista más espiritual, como un segundo nivel; vamos a reflexionar sobre aquellos que abrazan esta Bienaventuranza por decisión propia.

¿A qué hace referencia entonces esta aflicción libre, esta aflicción de aquellos que son afligidos por una opción de vida libremente elegida?

Dicen los biblistas que Mateo, inspirado por el Espíritu Santo, rescató estas enseñanzas de Jesús y las puso por escrito, sobre todo teniendo en cuenta a los que se afligían por los sufrimientos de la Iglesia en su caminar; a los que estaban preocupados, involucrados en la situación de los primeros cristianos.

San Pablo dice: "*Estamos atribulados por todas partes pero no abatidos, perplejos pero no desesperados, perseguidos pero no abandonados, derribados pero no aniquilados*".[127] Y más adelante en el capítulo 11, cuando enumera los sufrimientos soportados por amor a Cristo, específicamente expresa: "*Pasé cansancio y hastío, muchas noches en vela, hambre y sed, frecuentes ayunos, frío y desnudez. Y dejando de lado estas cosas, está mi preocupación coti-*

---

ra «*del rescate de nuestro cuerpo. Porque nuestra salvación es objeto de esperanza*» (Rm 8,23-24), y, por último, los «gemidos inefables» del propio Espíritu Santo que «viene en ayuda de nuestra flaqueza. Pues nosotros no sabemos pedir como conviene» (Rm 8,26)."
[127] 2 Cor 4,7.

diana, el cuidado de todas las iglesias".[128] San Pablo se aflige por el cuidado de las iglesias; esa es su preocupación cotidiana, y la considera más difícil que el cansancio, las noches en vela, el hambre, la desnudez.

Este pasaje de 2 Corintios 11 me ha resultado muy consolador, porque todos pasamos noches en vela, insomnio, preocupación, angustia para que las cosas salgan adelante; y siempre hay cuestiones que nos preocupan de los demás, de las personas que nos rodean. Un apóstol pasa por estas situaciones.

Bueno, a mí en particular, el cuidado de todas las iglesias me resuena con mucha fuerza: el cuidado de cada una de la las comunidades de la SSJ; pero cada uno lo experimenta en su medida, con las responsabilidades que tiene.

San Pablo estaba afligido: *"He servido al Señor con toda humildad y con muchas lágrimas, en medio de las pruebas a las que he sido sometido por las insidias de los judíos. Ustedes saben que no he omitido nada que pudiera serles útil: les prediqué y les enseñé tanto en público como en privado, instando a judíos y a paganos a convertirse a Dios y a creer en nuestro Señor Jesús. Y ahora, como encadenado por el Espíritu, voy a Jerusalén sin saber lo que me sucederá allí. Sólo sé que, de ciudad en ciudad, el Espíritu Santo me va advirtiendo cuántas cadenas y tribulaciones me esperan"*.[129]

"Con muchas lágrimas", dice San Pablo. "No omití nada que pudiera serles útil". Y podemos pensar que eran lágrimas ciertas, lágrimas de verdad. No se trata de una hipérbole literaria, sino que es una realidad. San Pablo llora por su gente, por su comunidad, por las personas que rechazan el Evangelio, por los problemas que hay, por las peleas que existen… se aflige. Y sostiene: *"Ahora voy como encadenado por el Espíritu"*, que es como decir: el Espíritu Santo me lleva; no me puedo resistir, me lleva a Jerusalén, aunque sé que ahí me esperan tribulaciones y dificultades.

---

[128] 2 Cor 11,27-28.
[129] Hech 20,19.

Sin embargo, miren cómo sigue: *"Pero poco me importa la vida mientras pueda cumplir mi carrera y la misión que recibí del Señor Jesús: la de dar testimonio de la Buena Noticia de la gracia de Dios".*[130] Poco le importa la vida; es un hombre entregado. Y más adelante dice: *"Velen, entonces, y recuerden que durante tres años, de noche y de día, no he cesado de aconsejar con lágrimas a cada uno de ustedes".*[131] Día y noche, como una madre.

En la segunda carta a los Corintios testimonia lo mismo: *"Verdaderamente les escribí con gran aflicción y angustia, y con muchas lágrimas, no para entristecerlos, sino para demostrarles el profundo afecto que les tengo".*[132] La famosa carta con lágrimas de san Pablo. *"Con gran aflicción y angustia, y con muchas lágrimas"* por los problemas que tenían los corintios: las divisiones, los excesos, las desviaciones doctrinales, la tentación de perpetuar costumbres paganas, y las competencias entre ellos.

Aquellos que tienen los dolores de un padre

Entonces, el sentido espiritual de esta Bienaventuranza apunta a aquellos que se afligen por los demás, por el apostolado, que se involucran, que tienen los dolores de un padre, que cargan con el peso de la vida de otros. *El llamado al sacerdocio es el llamado a hacerse cargo de otros.*

Estaba preparando esta charla y me acordé de una película que vi hace años, que se llama *El hijo de la novia*. Es una película argentina protagonizada por Ricardo Darín, que personifica a un hombre de 42 años, dueño de un restorán, que trabaja como loco y no le va muy bien en los negocios. Su madre está internada en un geriátrico con alzheimer, él se divorció, tiene problemas con su ex mujer y su familia, tiene también una novia más joven que lo quiere pero que mucho no lo entiende, está angustiado, le da un infarto y casi muere.

---

[130] Hech 20,24.
[131] Hech 20,31.
[132] 2 Cor 2,4.

Hay una escena en la que él se despierta en el hospital, y está su novia al lado, y le pregunta por su sueño. Sin dudarlo él responde: irme lejos, a una isla, a una playa, sin responsabilidades, tener tiempo para leer, no tener presiones… Léase: sin aflicción. Darín usa una expresión más porteña en la película, pero el sentido es ese.

Evidentemente una vida así, como la que añora el protagonista de la película, te evita algunos sufrimientos, ¿no? Si vos vivís una vida egoísta, vas a sufrir menos; podés rodearte de un muro de egoísmo y dejar entrar a muy pocas personas en tu vida. Está claro que este estilo de vida, el de un sacerdote misionero, no es el más indicado para una vida con ese horizonte egocéntrico.

Por supuesto que se puede vivir así. Pero te privás del gozo profundo del amor, de ser padre, de dar vida, de ver que la realidad puede cambiar con tu aporte. Es decir: vas a sufrir menos, pero también vas a gozar menos, vas a amar menos, vas a tener esa tristeza que los egoístas sufren antes o después en la vida.

Renovar la opción de vida

Por eso hay una opción que cada uno tiene que renovar constantemente: la de vivir para sí mismo o vivir para los demás; vivir para amar, entregar y darse o vivir para caer lo mejor parado posible en cada situación.

Tal como decíamos, en esta elección de vida misionera no hay mucho espacio para el egoísmo porque es demasiado exigente.

Pero aun así, siempre están las tentaciones de:

- Caer lo mejor parados posible.
- Sufrir lo menos posible.
- Involucrarnos lo menos posible.

Es sutil la tentación, pero está: acomodarnos confortablemente.

119

Yo les propongo que en esta oración sacudan eso: *"Señor, quiero ser afligido; quiero abrazar esto"*. *O sea: quiero preocuparme, quiero angustiarme, quiero involucrarme, quiero derramarme, quiero quebrarme, entregarme, sembrarme en los demás para dar vida.*

No quiero vivir *"tranqui"*. La gente a veces pregunta: *"¿Todo tranqui?"* "No", respondo siempre. *Tranqui* no; no es un ideal de vida para mí vivir *tranqui*. Para vivir *tranqui* hubiera elegido otra cosa.

San Pablo incluso habla de "dolores de parto"; ser padre es como ser madre también. *El sacerdote es padre y madre;* muchas veces tenemos que hacer cosas de madre. Por eso me gustaría preguntarle a cada uno:

- ¿Sos padre? Aunque quizás seas un poco joven... ¿tenés alma de padre?

- ¿Sos capaz de involucrarte con los demás, de sufrir por otros o sos egoísta? Hay muchos padres que son egoístas. Ser padre no es una cuestión biológica en primer lugar. Es verdad que el amor biológico tiene fuerza, pero no alcanza con eso, ¿no?

Hay un salmo que dice: *"Los que siembran entre lágrimas, cosecharán entre canciones. El sembrador va llorando cuando esparce la semilla, pero vuelve cantando cuando trae las gavillas"*.[133]

Muchas veces hay que sembrar entre lágrimas, entre aflicciones

Ya hemos meditado esto, pero me gustaría que contemplaran las aflicciones de Cristo, por ejemplo. *Jesús se aflige* por Jerusalén: *"¡Jerusalén, Jerusalén, que matas a los profetas y apedreas a los que te son enviados! ¡Cuántas veces quise reunir a tus hijos, como la gallina reúne bajo sus alas a los pollitos, y tú no quisiste!"*.[134]

---

[133] Sal 126,5.
[134] Mt 23,27.

Hay una iglesia en Tierra Santa que se llama *"Dominus Flevit"*, que recuerda el lugar donde el Señor lloró, contemplando Jerusalén. Está ubicada en el Monte de los Olivos, desde el que se observa toda la ciudad. Tiene forma de lágrima, y en el fondo hay un gran ventanal, detrás del altar, de modo que al celebrar la misa los fieles ven la ciudad que fue motivo de las lágrimas de Jesús.

El Señor lloró; se afligió y se aflige al tener que asumir el pecado del mundo hasta experimentar una tristeza de muerte,[135] llora por su amigo Lázaro,[136] al punto que la gente dice: *"¡Cuánto lo amaba!"*.

Se conmueve al ver a la viuda que perdió un hijo. *"Al verla, el Señor se conmovió y le dijo: «No llores»"*.[137] Se aflige porque Israel no da fruto suficiente... y pide un tiempo más de misericordia.[138]

Se afligió por el joven rico que se alejó y dijo: *"¡Qué difícil, qué difícil!"*,[139] se aflige por Pedro: *"Simón, Simón, mira que Satanás ha pedido poder para zarandearte como el trigo pero yo he rogado por ti para que no te falte la fe"*.[140] Jesús ruega por Pedro. Rogar es una palabra fuerte, ¿no? Implica cierta aflicción. Nadie ruega sin aflicción: rogamos cuando algo nos aflige.

Contemplá a Cristo afligido de amor por el mundo, por los demás; es la aflicción de un padre que da vida a sus hijos.

Y luego contraponé las aflicciones de Cristo a las aflicciones indefinidas: a la tristeza, que muchas veces llega hasta nosotros como una tentación. Y las llamo "indefinidas", porque no siempre tienen una causa tan concreta ni nacen del amor. El amor es concreto, nunca es abstracto o genérico. Decía el P. Grandmaison al respecto:

---

135 Cfr. Mt 26,38.
136 Cfr. Jn 11,35.
137 Cr. Lc 7,13.
138 Cfr. Lc 13,1-9.
139 Cfr. Mt 19,23ss.
140 Lc 22,31-32.

"Las pasiones de tristeza y temor, que tienden a hacer pusilánime o huraño, cerrado en sí mismo, desconfiado, desanimado o deprimido consisten en todo lo que tiende a encerrarnos en nosotros mismos, a deprimirnos, a dividirnos contra nosotros mismos: falsa timidez, pusilanimidad fundada en el amor propio; vanidad frustrada y que sangra por la herida; susceptibilidad y celos; fastidio por el bien, melancolía, disgusto, miedo servil de Dios y del bien, regodearse en la miseria de la vida, todo ello sin una razón valedera y espiritual... A todos estos fantasmas, a todas estas nubes, a todos estos consejos de pequeñez, de miedo, de disminución y de esterilidad apostólica, hemos de decirles: «No. ¡Yo te exorcizo... espíritu de tristeza!»"[141]

Las pasiones tristes suelen ser genéricas: "Estoy triste pero no sé bien por qué", como una especie de mal humor hondo. Y nace del amor propio, de la susceptibilidad, de las falsas expectativas, o directamente de la tentación del demonio. La tristeza ni viene de Dios ni lleva a Dios. *Dios no corrige con la tristeza.*

Por eso hay una aflicción que no es bienaventurada y hay que rechazarla. Tenemos que distinguir una aflicción apostólica, una preocupación, una angustia del apostolado, del que da vida... de una tristeza egoísta que nos lleva a encerrarnos en nosotros mismos; que no nace de los demás, sino que nace de nosotros, del hecho de ponernos en el papel de víctimas. Esa hay que rechazarla como una tentación. Los monjes la ponían como el octavo pecado capital, no porque sea un pecado en sí, sino porque lleva al pecado; nos lleva a las compensaciones falsas: al egoísmo, a la evasión, a la justificación de nuestra mediocridad.

Por eso, *esta bienaventuranza se aplica a los que lloran por los demás, a los que se involucran, se exponen, se gastan y desgastan.* San Pablo tiene una expresión que nos hace pensar

---

[141] L. DE GRANDMAISON, S.J, *La vida interior del apóstol.*

en esta entrega: *"En consecuencia, de buena gana entregaré lo que tengo y hasta me entregaré a mí mismo, para el bien de ustedes"*.[142] Algunas versiones traducen esto de la entrega de sí mismo como *"Me gastaré y desgastaré..."*

Aflicción sacerdotal

Me gustaría ahora hacer como una nota al pie: Hay un apostolado que genera una profunda aflicción, que es el apostolado vocacional; porque es el apostolado donde más se juega la paternidad.

Si vos no querés sufrir como sacerdote, no acompañes vocaciones. Porque si acompañás vocaciones, sin duda vas a sufrir; te vas a involucrar muchísimo en ese apostolado, en el acompañamiento de una persona que siente el llamado de Cristo. Ahí se genera un vínculo de paternidad muy fuerte que te hace sufrir, porque la persona que acompañás avanza y luego retrocede y luego vuelve a avanzar; y vos vas siguiendo ese proceso con la cercanía de un padre.

Esto quizás no lo entiendan ustedes ahora; lo comprenderán más adelante, pero hay una tentación en la vida del sacerdote que es decir: "Basta ya: el que quiera ser sacerdote, que sea; es un tema de él; yo me voy a ocupar de trabajar con los laicos; basta de involucrarme con las vocaciones de los jóvenes". Porque lo sentís como un peso a la vez que como un apostolado; experimentás el dolor de cargar con las luchas y los sufrimientos de ellos...

Evidentemente el apostolado vocacional hace sufrir, pero es el mejor de todos. Si yo me voy a la tumba sabiendo que algunos jóvenes continúan esta tarea y que pude expandir el Reino, me doy por satisfecho.

Dicen que el Padre Hurtado, que murió a los 51 años, había enviado cien chicos al seminario, entre el seminario diocesano y los jesuitas. ¡Él en su propia vida había presentado a más de

---

[142] 2 Cor 12,15.

cien! Era un apóstol de vocaciones enorme, con una influencia inmensa. Los jóvenes lo veían y querían ser como él, y también tenía ese vínculo personal con cada uno.

Plantéate un poco esto; porque muchas veces cuando no hay apostolado vocacional es porque no sos capaz de afligirte, o sos un poco egoísta y no querés cargar con nadie porque considerás que ya bastante trabajo tenés cargando con tu propia vida y no te animás a cargar con la de otros. Pero el tema es que cargando con otros, te vas sanando también.

Un sacerdote me contó una vez que le habían regalado para la ordenación un cáliz que tenía un diamante (un cáliz con un diamante, yo nunca vi). Y que un chico estaba discerniendo su vocación sacerdotal: así que el sacerdote arrancó el diamante del cáliz y dijo: "Señor, para que este chico diga que sí" y lo puso en una cajita de una parroquia como ofrenda.

Por eso, *me gustaría que lloren por la falta de vocaciones.* Gracias a Dios nosotros tenemos vocaciones, Dios nos está bendiciendo; pero lloren por eso, para que haya más.

Hay que darle gracias a Dios porque tenemos vocaciones ahora. Le deseo esto mismo a cada uno de ustedes en particular, no solamente a la SSJ en general, sino que cada uno de ustedes pueda ser un apóstol de vocaciones. Porque la paternidad espiritual con un joven que está discerniendo su vocación es una alegría personal muy profunda, y genera un vínculo preciosísimo.

San Pablo dice: *"Porque aunque tengan diez mil preceptores en Cristo, no tienen muchos padres: soy yo el que los ha engendrado en Cristo Jesús, mediante la predicación de la Buena Noticia".*[143]

Y con esa frase les recuerda el vínculo profundo y personal que tenía con ellos, y se los recuerda porque los quiere orientar en sus luchas. La vocación sacerdotal florece cuando hay vínculo paterno, es el humus por excelencia donde la llamada de Jesús puede arraigar y dar fruto.

---

[143] 1 Cor 4,15.

Por eso les propongo que reflexionen sobre su apostolado vocacional. Cada uno en la situación de madurez personal en que se encuentre dentro de su propia vocación, puede preguntarse sobre esto. Yo creo que ya como estudiantes de Filosofía, todos ustedes podrían ser irradiadores, promotores vocacionales. Con el testimonio, con la cercanía, con la palabra. San Juan Pablo II les decía a los seminaristas de España:

"Tratad de dar testimonio de vuestra fe y de vuestra alegría. Vosotros, con vuestro «gozo pascual», sois los testigos y promotores de las vocaciones sacerdotales entre los adolescentes y los jóvenes de vuestra edad. *Os animo con todas mis fuerzas a que seáis los primeros apóstoles de las vocaciones sacerdotales. Rezad y ayudad a otros para que vengan a vuestro lado"*.[144]

Y en otra ocasión el santo Papa exhortaba incluso a proponer la vocación sacerdotal a quienes dieran signos de haberla recibido:

"Dios llama a quien quiere, por libre iniciativa de su amor. Pero quiere también llamar mediante nuestras personas. Así quiere hacerlo el Señor Jesús. Fue Andrés quien condujo a Jesús a su hermano Pedro. Jesús llamó a Felipe, pero Felipe llamó a Natanael (cf. Jn 1,33ss.). No debe existir ningún temor en proponer directamente a una persona joven, o menos joven, las llamadas del Señor. Es un acto de estima y de confianza. Puede ser un momento de luz y de gracia".[145]

¿Qué capacidad tengo de involucrarme con otros y de ejercer esa paternidad? Interesante preguntarse esto... ¿no? ¿He sido o soy –como dice San Juan Pablo II– testigo y promotor de vocaciones sacerdotales entre los jóvenes? ¿He sido o soy

---

[144] Mensaje escrito del Papa Juan Pablo II a los seminaristas de España, Valencia, 8 de noviembre de 1982.
[145] Mensaje del Papa Juan Pablo II para la XX Jornada Mundial de Oración por las Vocaciones.

apóstol de vocaciones? ¿Le he propuesto la opción del sacerdocio directamente a alguien que haya visto con una posible vocación?

Y si la respuesta fuera "No"... ¿Por qué lo es? ¡Aflijámonos! Como lloraba Ana, la madre de Samuel: *"Entonces Ana, con el alma llena de amargura, oró al Señor y lloró desconsoladamente; y luego hizo este voto: «Señor de los ejércitos, si miras la miseria de tu servidora y te acuerdas de mí, si no te olvidas de tu servidora y le das un hijo varón, yo lo entregaré al Señor para toda su vida»"*.[146]

Preguntále al Señor: "¿De qué pecados o falencias me tengo que convertir? ¿Por qué no puedo yo ser instrumento de un apostolado vocacional? ¿Por qué otros jóvenes no pueden acercarse al sacerdocio por mi testimonio? ¿Qué me pasa?"

¡Supliquen ser padres!

El llanto por compunción

El segundo sentido de esta bienaventuranza, que ha estado presente en la tradición cristiana respecto de su interpretación, es el llanto por compunción; es decir, el llanto por el propio pecado. "Felices los que lloran por su pecado" es un sentido muy acreditado por los Padres de la Iglesia.

Es la clara conciencia del pecado; la clara conciencia de la falta de generosidad, de la falta de entrega, de la falta de amor; y el arrepentimiento por eso. Y lloramos por eso. Es una gracia poder llorar por nuestro pecado.

Un término clave en el Sermón de la Montaña es el de *justicia*: *"Felices los perseguidos por practicar la justicia"*,[147] *"Felices los que tienen hambre y sed de justicia"*;[148] *"Les aseguro que si la justicia de ustedes no es superior a la de los escribas y los fariseos, no*

---

[146] 1 Sam 1,10-11.
[147] Mt 5,10.
[148] Mt 5,6.

entrarán en el Reino de los Cielos";[149] *"Busquen el Reino de Dios y su justicia"*;[150] *"Tengan cuidado de no practicar su justicia delante de los hombres"*;[151] constantemente Jesús vuelve a ese término.

Es el llamado a una justicia superior; el justo es el que vive como hijo del Padre, en Cristo Jesús; un hermano de los demás, que es fiel.

Bueno, lloremos porque no somos justos. *Porque somos llamados cada día a responder con generosidad y tenemos mucho anti-Reino en el corazón: tenemos mucho egoísmo, vivimos como si estuviésemos solos.*

La salvación de Cristo se manifiesta en algunos aspectos de nuestra vida, pero también ponemos mucha resistencia en otros.

Tenemos un ejemplo del que llora en la parábola del fariseo y el publicano, en Lc 18,9-14. El publicano estaba en el fondo de la iglesia, se lamentaba y se golpeaba el pecho, y dice Jesús que quedó justificado por ese llanto. Pedro lloró después de su traición y fue justificado.[152]

Cristo proclama bienaventurados a los que son conscientes de que viven en el destierro, a los que tienen llanto en el alma, a los que experimentan que están lejos de Dios y de la patria prometida, a los que sufren en su carne por estar sometidos a la tiranía del pecado: del propio y de los demás. Son los que sufren porque saben que el Amor no es amado, los que sienten el vacío de las cosas. ¡El Amor no es amado!, era el grito de San Francisco.

Esta compunción es un don del Espíritu Santo, como le pasó a san Agustín. Después de mucho luchar y llorar, finalmente recibió la gracia de la conversión, y fue fiel a ella. Llorando se entregó al Señor; fue un don del Espíritu Santo.

---

[149] Mt 5,20.
[150] Mt 6,33.
[151] Mt 6,1.
[152] Cfr. Lc 22,62.

Leemos en la carta del Apóstol Santiago: *"Acérquense a Dios y Él se acercará a ustedes. Que los pecadores purifiquen sus manos; que se santifiquen los que tienen el corazón dividido. Reconozcan su miseria con dolor y con lágrimas. Que la alegría de ustedes se transforme en llanto, y el gozo, en tristeza".*[153] Se trata justamente de esta bienaventuranza; que la alegría de ustedes se transforme en llanto, en tristeza, en este sentido específico.

La compunción, el llanto del arrepentimiento, no es desesperado sino que está lleno de esperanza; es consolador a la vez, porque se da, se genera delante del amor de Dios; como el dolor por la propia ingratitud, el dolor por los pocos frutos, el dolor por la propia mediocridad. Pero al mismo tiempo, la compunción es el gozo del amor y de la misericordia del Señor. No es el dolor de la soberbia ni del orgullo que nos llevarían a pensar "No puede ser que yo haya hecho esto". No; ese no es el dolor bienaventurado. El dolor bienaventurado es el dolor del amor: "Señor, qué poco te he amado, qué poco me he entregado; pero recibo tu invitación a arrepentirme, a convertirme".

La nostalgia de Dios

Y hay un tercer sentido de esta bienaventuranza que también los voy a invitar a meditar, que es la tristeza de la nostalgia de Dios. Es lo que decía santa Teresa de Ávila: *"Vivo sin vivir en mí y tan alta vida espero, que muero porque no muero".* Es la tristeza del destierro: *"Si me olvidara de ti, Jerusalén, que se paralice mi mano derecha; que la lengua se me pegue al paladar si no me acordara de ti, si no pusiera a Jerusalén por encima de todas mis alegrías".*[154]

Somos peregrinos, vamos al Cielo y hay una nostalgia en el corazón del ser humano que busca a Dios, que no se conforma con las cosas creadas; cada tanto siente esa especie de tristeza "bendita", que es como la nostalgia de más.

---

[153] Sgo 4,8-9.
[154] Sal 137,5-6.

C. S. Lewis, en su libro *Sorprendido por la alegría*, describe su conversión al cristianismo. Y relata la experiencia de la alegría profunda, de lo que él llama *"joy"*, que significa gozo. Describe cómo aun cuando no era cristiano tenía esos momentos fugaces en los cuales lograba atisbar una belleza inefable y superior, como escondida y a la vez revelada en la superficie de las cosas.

La realidad entonces mostraba su carácter transitorio y revelador de una riqueza escondida y misteriosa. Rápidamente se dio cuenta de que esa alegría no podía reducirse a una mera experiencia estética; porque lo verdaderamente importante era lo que estaba detrás de ella, como una promesa.

Como un minero buscó estas experiencias de belleza, de alegría profunda; pero cuanto más las buscaba, más huidizas se volvían. Finalmente vio que era la belleza de Dios y la nostalgia del Cielo. Como dice San Agustín en su famosa frase: *"Nos hiciste, Señor, para ti, y nuestro corazón está inquieto hasta que descanse en ti"*.[155]

Es la alegría de la que habla Jesús en el Evangelio: *"También ustedes están tristes, pero ya los volveré a ver y tendrán una alegría que nadie les podrá quitar"*.[156]

Es la tristeza de la ausencia de Cristo porque ahora lo amamos, pero lo amamos en la fe y lo seguimos en la fe; y de alguna manera estamos en contacto con los bienes del Cielo más que otras personas, porque convivimos todo el día con las realidades espirituales.

Y por eso genera cierta nostalgia también: *"¡Oh llama de amor viva que tiernamente hieres de mi alma en el más profundo centro! Pues ya no eres esquiva, acaba ya si quieres, ¡rompe la tela de este dulce encuentro!"*, dice san Juan de la Cruz.[157] "Rompe la tela": aparece, acércate. *"¿Adónde te escondiste, amado, y me*

---

[155] SAN AGUSTÍN, *Confesiones*, I, 1, 1.

[156] Jn 16,20.

[157] SAN JUAN DE LA CRUZ, *Llama de Amor Viva*.

dejaste con gemido? Como el ciervo huiste, habiéndome herido; salí tras ti, clamando, y eras ido", expresa también el mismo santo en su *Cántico Espiritual.*

Fui detrás de ti y no te encontré... Hay una especie de aflicción que nace del amor a Dios; es el deseo que tiene el corazón humano, que puede embotarse; pero nosotros, los consagrados, debemos mantener ese anhelo despierto y palpitante.

Me contó un sacerdote que una vez estaba celebrando la misa solo, en El Petrel, en la capilla de la Casa de la Probación, y tuvo como un asentimiento real sobre el misterio de la misa; un nuevo y más profundo entendimiento cordial acerca del misterio de lo que estaba aconteciendo en ese momento sobre el altar; de quién era él y del Cielo que estaba a su alrededor. Y recuerdo que me comentó que durante ese día no pudo involucrarse con ninguna cosa más; que estaba "dulcemente cansado", ya sin mucho interés en ninguna otra cosa de este mundo.

Al reflexionar sobre esta experiencia, me di cuenta de que por eso Dios no nos da más visión en este mundo, y también de que la fe nos protege un poco; porque si tuviéramos una visión más clara... no podríamos vivir mucho acá en la tierra.

Nos vamos preparando para eso, pero la experiencia del Cielo que podemos tener en este mundo es siempre incompleta. Por eso santo Tomás no quiso escribir más cuando tuvo la visión del Cielo. Gracias a Dios que vio el Cielo al final; si no, no hubiera escrito nada. Y murió enseguida.

Es decir: hay una belleza para la cual no estamos preparados del todo ahora. Pero que cada tanto se asoma; y cuando se asoma, deja ese gusto dulce en el alma, pero también deja un sentimiento de "todavía no".

Serán consolados

Por eso, el consuelo de la presencia de Dios es el consuelo más grande que existe, y se nos da cada tanto. Pienso que ustedes tendrán experiencia de eso: el consuelo de darse cuenta de que Cristo está presente, que está ahí, que está con ustedes, que todo el cristianismo es verdad. Y no es que antes pensaran que no era verdad, sino que tener un asentimiento real de eso, con el corazón, es una gracia. Trae un enorme consuelo.

Por eso dice al final la Bienaventuranza: "Bienaventurados, felices los afligidos porque serán consolados", y se refiere a estas tres aflicciones o estos tres sentidos:

- Aflicciones apostólicas.

- Aflicciones por compunción por el propio pecado.

- Aflicciones que nacen de la esperanza del Cielo.

Dice Isaías: *"«Consuelen, consuelen a mi pueblo» dice su Dios, «hablen al corazón de Jerusalén y anuncien que su tiempo de servicio se ha cumplido, que su culpa está paga»"*.[158] Y Jesús promete la debida recompensa, el debido consuelo: *"Servidor bueno y fiel: entra a participar del gozo de tu Señor"*.[159]

Un minuto del consuelo de Dios vale más que diez horas del consuelo del mundo –no quise decir cien horas para no parecerles exagerado–. Pero **un minuto del consuelo de Dios... es como un eco que queda en el alma.**

Además de este consuelo de Dios, que vale más que muchos otros, también tenemos consuelos humanos, gracias a Dios, porque está claro que todos los necesitamos.

La vida tiene sus consuelos humanos, sus alegrías humanas: el consuelo de la amistad, de la oración serena. El consuelo de estar con los pobres.

Las alegrías simples y bien humanas que experimentamos, sanas y buenas; qué sé yo, a mí comer avena a la mañana me encanta, y si hay un poco de fruta, mejor… No es que nuestra vida es sufrir y sufrir.

El consuelo de la aventura, de las cosas que cambian; de la gente diversa que vamos conociendo. De ir a estudiar a

---

[158] Is 40,1.
[159] Mt 25,21.

otro país, por ejemplo a Estados Unidos; es una alegría humana, ¿no? Ir a otro país, conocer a otras personas y a otra cultura; y tantas otras alegrías que las vivimos como consuelos humanos.

El gozo del consuelo de Dios

El Señor es bueno con nosotros. Miren qué sonsera: a mí me encanta a la mañana levantarme temprano, si es posible, si dormí más o menos bien, y tomar mate, y leer los Salmos. Rezar el Oficio de Lectura. Me encanta eso; es un consuelo humano, lo disfruto; no solamente por espíritu de fe, sino que me gusta esa serenidad de la mañana, tener tiempo para orar. Es una de mis experiencias de consuelo humano.

Me encanta celebrar la misa, no solamente por la fe sino que humanamente me gusta; me encanta predicar en la Iglesia de la Transfiguración; ahora no lo hago mucho porque estoy viviendo en Portland, pero es un consuelo y un gozo, un disfrute personal; es también un desafío humano, porque que la gente te responde. Y ahora esa alegría se trasladó a la predicación de la misa de universitarios, cada domingo por la tarde. Es decir, hay un montón de alegrías humanas que esta vida tiene. El consuelo de ver que la gente se acerca, que cambia de vida. Y así, cada uno podría hacer la lista de las alegrías humanas que Dios le regala. Hay que saber recibirlas y gozarlas con corazón sencillo también.

Dice Isaías: *"¡Alégrense con Jerusalén y regocíjense a causa de ella todos los que la aman! ¡Compartan su mismo gozo los que estaban de duelo por ella, para ser amamantados y saciarse en sus pechos consoladores, para gustar las delicias de sus senos gloriosos! Porque así habla el Señor: «Yo haré correr hacia ella la prosperidad como un río, y la riqueza de las naciones como un torrente que se desborda. Sus niños de pecho serán llevados en brazos y acariciados sobre las rodillas. Como un hombre es consolado por su madre, así yo los consolaré a ustedes, y ustedes serán consolados en Jerusalén»"*.[160]

---

[160] Is 66,10-13.

Es hermoso. "Como un hombre es consolado por su madre"... Ustedes habrán tenido la experiencia de que su madre los consolara cuando eran niños, ¿no? "Así yo te consolaré", promete el Señor. *"Felices los que lloran porque serán consolados"* –dice Jesús–, "ya en esta vida". Pues bien: ¡qué decir del consuelo que recibiremos en el Cielo!

Por eso, esta bienaventuranza se cumple en esta vida, pero es la que más tira hacia arriba, me parece. "Serán consolados" hace una referencia muy clara al consuelo del final.

San Juan escribe: *"Vi la Ciudad Santa, la nueva Jerusalén, que descendía del Cielo y venía de Dios, embellecida como una novia preparada para recibir a su esposo. Y oí una voz potente que decía desde el trono: «Esta es la morada de Dios entre los hombres: él habitará con ellos, ellos serán su pueblo, y el mismo Dios estará con ellos. Él secará todas sus lágrimas, y no habrá más muerte, ni pena, ni queja, ni dolor, porque todo lo de antes pasó». Y el que estaba sentado en el trono dijo: «Yo hago nuevas todas las cosas»".*[161]

Secará todas las lágrimas, serán consolados.

Y en la carta a los Romanos leemos: *"Yo considero que los sufrimientos del tiempo presente no pueden compararse con la gloria futura que se revelará en nosotros".*[162] Los afligidos serán consolados.

• Ejercicio

Les propongo tres meditaciones:

1. En primer lugar, revisen su aflicción apostólica. Su capacidad de compromiso, de cargar con otros. Revisen su paternidad. Y también el fruto vocacional. Y si Dios les concede la gracia de las lágrimas, lloren. Aflíjanse.

---

[161] Apoc 21,3-5.
[162] Rom 8,1.

2. Luego hagan un examen de conciencia[163] confrontando la propia vida con las Bienaventuranzas. Podría servirles para realizar un examen de conciencia más detallado.

Pero en primer lugar pónganse delante de Dios y pidan perdón. Pidan la gracia de la compunción delante de la cruz de Cristo. Esta segunda meditación sugiero que la hagan contemplando la cruz.

Y anoten, y pidan: "Señor, quiero arrepentirme de corazón".

3. Por último, mediten acerca del Cielo y del consuelo de Dios. Díganle al Señor que aceptan la tristeza de la nostalgia, mientras esa nostalgia sea una herida de amor: una especie de recuerdo de que somos peregrinos y que nuestro caminar nos conduce al Cielo.

Gloria al Padre, al Hijo y al Espíritu Santo, como era en el principio, ahora y siempre por los siglos de los siglos. Amén.

---

[163] Ver al final del libro el Examen según las Bienaventuranzas.

FELICES LOS QUE TIENEN HAMBRE Y SED DE JUSTICIA (I)

Justicia es santidad

Comenzamos entonces con otra bienaventuranza: *"Felices los que tienen hambre y sed de justicia porque serán saciados"*[164]. Les leo uno de los comentarios de misioneros.

Dice:

"La bienaventuranza que más me resuena como Buena Noticia es «Felices los que tienen hambre y sed de justicia porque serán saciados»; entiendo por justicia la santidad; y por santidad no sólo la mía, sino la de toda la tierra".

Está muy bien resumido, ¿no? La justicia en el Evangelio es la santidad; pero este término implica de algún modo la santidad no ya como algo personal e individual, sino además su irradiación hacia los demás, su impacto en la comunidad y en la sociedad. De alguna manera la justicia hace referencia a un grupo de personas.

Sigue el comentario:

"Veo que es una bienaventuranza que me toca en la experiencia personal, porque desde que me convertí tuve un gran deseo de radicalidad. Y lo que me movió desde entonces es el deseo de que todas las personas conozcan a Jesús y que de a poco llegue el Reino de Dios a este mundo. Pienso que es una Buena Noticia por varias razones: primero por lo que dice en la segunda parte: **«Serán saciados»; eso me renueva en la esperanza de**

---

[164] Mt 5,6.

que no es un deseo volado o que nunca se va a cumplir. Y no estoy hablando sólo del Cielo sino de que la vida presente será saciada por poder ver crecer el Reino".

Hay dos modos de decir *feliz*: uno es subjetivo y otro es objetivo. "Feliz" es un estado subjetivo, afectivo –el que uno experimenta cuando está contento y alegre, por ejemplo– y también es una situación objetiva, más allá de los sentimientos al respecto. Como cuando uno le dice a un chico que se queja de que tiene que estudiar: "¡Feliz de vos que tenés la posibilidad de ir al colegio, y de ir a ese, que tiene tan buen nivel!". Allí el uso de la palabra "feliz" no hace referencia a que el chico esté contento –de hecho no lo está, por eso se queja–, sino a que es bendecido. Es como decirle: "Qué bueno lo que te está pasando, qué bueno es en sí, aunque quizás vos no te des cuenta de eso".

A veces las bienaventuranzas se entienden así, objetivamente: "Felices los que tienen hambre y sed de justicia", porque significa que objetivamente han sido alcanzados por Cristo, porque esos deseos presentes en el corazón implican que ya Cristo está trabajando dentro, por la acción poderosa del Espíritu Santo. Esos deseos son como una manifestación de su presencia en el alma.

Esta hambre es signo de que Dios vive en ustedes, puesto que Dios produce en ustedes el querer y el hacer, como dice San Pablo.[165] Y por eso esa hambre y esa sed, que vienen de Dios, son un anuncio de un cumplimiento, de una saciedad que alcanzaremos con nuestra colaboración personal y con el impulso de la gracia. Es Dios el que pone el hambre y la sed, y quien pone los medios para que esa hambre y esa sed se canalicen en obras por una mayor justicia.

---

[165] "Porque Dios es el que produce en ustedes el querer y el hacer, conforme a su designio de amor" (Filip 2,13).

¿Qué significa tener hambre y sed de justicia?

¿Qué significa tener hambre y sed y qué significa tener *hambre y sed de justicia*? Es evidente que en esta Bienaventuranza el hambre y la sed constituyen una metáfora; hacen referencia a un deseo intenso, no al hambre y la sed materiales. Lucas sí se refiere a los que tienen hambre,[166] pero Mateo aclara que se trata de hambre y sed de justicia.

Evidentemente Jesús enseñó las dos cosas, por eso las bienaventuranzas tienen aplicación en los dos niveles: "Felices los que tienen hambre o pasan hambre porque serán saciados, porque Dios no se olvida, porque ve su sufrimiento". En el Evangelio de Mateo Jesús dice: *"Porque tuve hambre y me dieron de comer; tuve sed y me dieron de beber"*:[167] ahí hace referencia a lo material, al sufrimiento del que pasa hambre y necesidad material en todos los niveles. Dios ve ese sufrimiento y lo saciará. El profeta Isaías ya había anunciado de parte de Dios: *"¡Vengan a tomar agua todos los sedientos, y el que no tenga dinero, venga también! Coman gratuitamente su ración de trigo y sin pagar, tomen vino y leche".*[168]

Pero el sentido más fuerte, más originario, es el espiritual; porque Jesús no alaba una situación material sino una opción libre de vida que abraza el Evangelio. El sentido más subrayado por Cristo en el contexto de la totalidad de los Evangelios es el sentido espiritual, aquel que uno abraza con libertad.[169]

Es el sentido de la expresión de Cristo en Mateo: *"Hambre y sed de justicia"*, aclarando así de qué hambre y de qué sed

---

[166] "¡Felices ustedes, los que ahora tienen hambre, porque serán saciados!" (Lc 6,21).

[167] Mt 25,35.

[168] Is 51,1.

[169] "El término «espíritu» expresa fuerza y actividad vital en la concepción semita, las disposiciones interiores y habituales que orientan el actuar de la persona. Es una actitud ante la vida". FRANCISCO BARTOLOMÉ GONZALEZ, *Acercamiento a Jesús de Nazaret 2*, Paulinas, Madrid, 1985, pp. 6-19.

habla el Señor. Es una expresión que se inspira también en la Palabra de Dios: por ejemplo en el profeta Amós se dice: *"Vendrán días –oráculo del Señor– en que enviaré hambre sobre el país, no hambre de pan, ni sed de agua, sino de escuchar la Palabra del Señor. Se arrastrarán de un mar a otro e irán errantes del norte al este, buscando la Palabra del Señor, pero no la encontrarán".*[170]

Como diciendo: "Voy a enviar un hambre de la Palabra de Dios, un hambre de que haya un profeta que les hable en nombre de Dios, pero no lo van a encontrar porque han sido duros de corazón".

Y en el Salmo 63 encontramos: *"Oh Dios, tú eres mi Dios, yo te busco ardientemente; mi alma tiene sed de ti, por ti suspira mi carne como tierra sedienta, reseca y sin agua".*[171] Nuevamente vemos cómo se trata de la sed de Dios.

Y en el desierto, antes del Sermón de la Montaña, Jesús responde a una de las tentaciones de Satanás: *"El hombre no vive solamente de pan sino de toda palabra que sale de la boca de Dios".*[172] Hay un vínculo constante entre el hambre material y el hambre espiritual en la Biblia; es una metáfora plenamente bíblica.

Entonces, **está claro que el hambre y la sed se refieren a un deseo imperioso.**

¿Alguno de ustedes pasó sed? Sed, una sed grande. A mí me sucedió una sola vez. Recuerdo que en el viaje de egresados del colegio secundario subimos a un monte, caminamos como cuatro horas hacia arriba sin agua, pensando que iba a haber agua... y no había. Entonces caminamos cuatro horas hacia abajo con mucho esfuerzo. Fue la vez que más sed tuve en mi vida. ¡Era una sed desesperante! Bajamos corriendo sin importarnos el peligro de torcernos un pie o de caer. Era una sed terrible; creo que la sed es peor que el hambre, es una necesidad muy primaria. Por eso la metáfora del hambre y de

---

[170] Am 8,11-12.
[171] Sal 63,1.
[172] Mt 4,4 .

la sed es tan poderosa. ¿Hambre y sed de qué? De justicia.
Y no de cualquier justicia, ya que para la Biblia la justicia es la
santidad; es una justicia de la cual habla Jesús en el Sermón de
la Montaña: una justicia que tiene que ser superior a la ley de
los escribas y de los fariseos.

Justos son aquellos que buscan la voluntad del Padre. Lo
dice Jesús: *"No son los que dicen «Señor, Señor», sino los que escuchan la palabra de Dios y la ponen en práctica"*.[173]

Para Mateo la justicia es querer vivir como Jesús en una
sociedad nueva, y nosotros podríamos decir en una Situación
Nueva, en la que la regla es Jesús mismo. La nueva sociedad
de hermanos y hermanas de Jesús –los que hacen la voluntad
del Padre– realiza la justicia que Jesús sintetizó en el mandamiento del amor al prójimo.

Es decir que *justicia* es lo que experimentamos en la medida en que la Nueva Situación se arraiga en nosotros; en la
medida en que vivimos en Cristo como hijos del Padre, como
hermanos de los demás.

Y es primero algo personal, pero tiene un impacto social;
porque *el Reino, si somos muchos los que lo vivimos, comienza a
ser ostensible.*

Por eso equiparar esta bienaventuranza a la justicia social
meramente, la disminuye. Está claro que implica una justicia
social porque el Reino se hace ostensible y llega hasta lo social, pero no se reduce a ello. La salvación no se equipara a la
liberación de la opresión social, que es una tarea fundamen-
talmente política. Si esta tarea política es llevada adelante por
personas que son cristianas y que además son competentes,
y por ser cristianas tienen una sensibilidad especial con los
más pobres, y actúan en consecuencia… entonces se pone de
manifiesto cómo la *justicia* del Sermón de la Montaña es capaz de impregnar también la acción política y las estructuras
sociales, integralmente.

---

[173] Cfr. Mt 7,21ss.

El peligro de perder la dimensión vertical de la vida consagrada

Hace unos años conocí a una organización misionera norteamericana. Y tuve la oportunidad de encontrarme con el Superior General en Paraná, Argentina, en un Congreso Misionero Americano. Un hombre muy recto, muy coherente y con un gran amor por los pobres.

Había vivido en varios países de América Latina y había sido misionero muchos años; vivía en ese entonces en Chicago y New York, donde están sus centros formativos. La organización que él lideraba había surgido como una Sociedad de Vida Apostólica dedicada a la misión *ad gentes*[174]. Recibía sacerdotes y seminaristas que querían ir a misionar *ad gentes* y los organizaba, los formaba, y los enviaba.

Avalada por la Conferencia Episcopal Norteamericana, contaba con esa autoridad para formar y enviar sacerdotes a países de misión, sobre todo a China; después se extendieron a otros países de Asia; y ahora están en Asia, África y algunos países de América Latina.

Son todos norteamericanos, porque la idea de ellos era que sacerdotes americanos fueran a misionar a otros lugares y fomentar así las vocaciones locales. Fue una organización muy floreciente y poderosa; poderosa en el buen sentido: llena de vocaciones, de obras, de trabajo evangelizador; pero ahora pareciera que se está muriendo.

Se trata de gente excelente, todos sacerdotes ya mayores, de mucha entrega, pero exclusivamente centrados en la acción social. En la práctica han equiparado la misión con obras de acción social –todas muy importantes, desde ya– como instalar un dispensario, trabajar por el acceso al agua, etcétera.

En su contacto con los más pobres en América Latina fueron muy influenciados por cierta teología que equipara salvación con liberación social, en la práctica, y llevaron esa teolo-

---

[174] *Ad gentes*: hacia los que no son cristianos.

gía a toda la organización. Ahora ya no tienen vocaciones ni empuje. ¿Por qué?

Entre otras razones, porque los jóvenes no se interesaron en entregar su vida dentro de una organización casi exclusivamente dedicada a la acción social. Lo trágico es que habían nacido con una misión claramente evangelizadora, de anuncio explícito de la Buena Noticia… y terminó siendo una ONG norteamericana con gente de fe. Pero perdió todo encanto, toda la personalidad propia y específica de la vida consagrada.

Todos los que conocí me parecieron gente recta y honesta, de convicciones muy audaces, pero que habían perdido esa dimensión *vertical* de la vida consagrada; esa certeza de la Nueva Situación. Y cuando una organización pierde esa certeza, corre el riesgo de transformarse en una agencia filantrópica.

La vida en Cristo, factor transformador

Esta historia pone de manifiesto que el hambre y la sed de justicia, que vienen de lo alto y constituyen una gracia bien arraigada en el Corazón de Cristo, sufren la tentación de transformarse en la sola búsqueda de una mayor justicia social.

Sabemos que las necesidades son patentes y el deseo de ayudar es espontáneo en un corazón generoso, pero *hay que sostener la dimensión vertical de la vida*. Esto implica comprender y aceptar que la justicia de la que habla Jesús en primer lugar es la santidad. La vida en Cristo es de algún modo más invisible que el progreso social, ¿no? Es visible en su fruto, pero es espiritual en su raíz.

Nosotros tenemos esa certeza pero debemos cuidarla mucho… y por eso, no queremos tener obras propias; porque las obras propias, con el tiempo, tienden a debilitar esa certeza; esa certeza es debilitada si solo te dedicas a la acción social, pero también se corre el mismo riesgo al dedicarse, por ejemplo, a llevar adelante un colegio. Con el tiempo te vas olvidando para qué estaba ese colegio, que era para evangelizar, ¿no? Y entonces se convierte en un fin en sí mismo; como les pasa a tantas instituciones. Sucede con algunos colegios católicos, que tienen muchísimos jóvenes, gente excelente y te da pena ver la oportunidad perdida, porque no hay un trabajo serio de evangelización. ¿Cómo puede ser? Son académicamente excelentes, muy prestigiosos, pero si no evangelizan, se pierde una razón fundamental por la cual esos colegios son católicos. En Estados Unidos hay muchas Universidades Católicas muy prestigiosas, pero en el mensaje que anuncian a través de su cuerpo docente se han homologado completamente al mundo, han perdido el factor específico y diferencial que podría aportar una Universidad Católica, por el desafío de estar a la altura de los estándares del mundo.

Nosotros tenemos, por gracia de Dios, la certeza de la Vida Nueva y de su relevancia. Por eso somos bienaventurados: porque tenemos hambre y sed de justicia; de esa justicia tal como la entiende Jesucristo: como santidad. Entonces: nuestra hambre y sed de justicia son en primer lugar de origen vertical, ya que nos vienen de Dios; sólo así impactan en lo social de un modo transformador.

Nosotros creemos que las personas que viven en Cristo transforman la sociedad y el mundo. Eso en positivo. Y en negativo podríamos formularlo así: No se transforma el mundo hondamente si no es por la vida en Cristo.

Jesús dice: *"Sin mí, no pueden hacer nada"*.[175] Por eso tenemos esa hambre y esa sed de justicia. De ser santos y de ayudar a otros a serlo; de santificarnos santificando, con la convicción arraigada de que la santidad vivida en el contexto de la vocación de cada persona, es lo que transforma profundamente el mundo.

Jesús dice en el Sermón de la Montaña: *"Busquen el Reino de Dios y su justicia y todo lo demás vendrá por añadidura"*,[176] les será dado. Es decir que predicamos el Reino: lo demás irá llegando como fruto, como resultado del Reino que crece. Y por

---

[175] Jn 15,5.
[176] Mt 6,33.

la misma razón queremos dedicarnos con todas las energías a la evangelización, y creemos que dedicándonos a ella estamos cerca del corazón de la Iglesia.[177]

La Sociedad San Juan hace su aporte a la transformación del mundo con la Nueva Evangelización, porque de este modo introduce en la historia el *factor transformador más poderoso*, que es la Vida Nueva en Cristo.

Queremos convocar, formar y enviar laicos al mundo para que sean sal y luz.[178] La convocatoria es propiamente la misión; el esfuerzo por llegar a los más alejados con una propuesta que les facilite el encuentro con Cristo en el seno de una comunidad.

La formación comienza cuando la persona ha aceptado a Cristo como su Maestro y emprende un camino gradual y progresivo de crecimiento en la vida cristiana; camino que contempla la dimensión humana, espiritual, doctrinal y apostólica. Al finalizar la formación, se lo "envía" para que pueda dar fruto y servir en la Iglesia y en el mundo. Así, de a poco y desde adentro, los cristianos transformaron casi sin pretenderlo el mundo antiguo, y así estamos llamados a seguir haciéndolo hoy.

---

[177] "La Iglesia lo sabe. Ella tiene viva conciencia de que las palabras del Salvador: «Es preciso que anuncie también el reino de Dios en otras ciudades» (34), se aplican con toda verdad a ella misma. «Nosotros queremos confirmar una vez más que la tarea de la evangelización de todos los hombres constituye la misión esencial de la Iglesia» (36); una tarea y misión que los cambios amplios y profundos de la sociedad actual hacen cada vez más urgentes. Evangelizar constituye, en efecto, la dicha y vocación propia de la Iglesia, su identidad más profunda. Ella existe para evangelizar, es decir, para predicar y enseñar, ser canal del don de la gracia, reconciliar a los pecadores con Dios, perpetuar el sacrificio de Cristo en la santa Misa, memorial de su muerte y resurrección gloriosa" (EN 14).

[178] Cfr. Mt 5,13.

Amor de Dios

Les propongo ahora que nos centremos en la vida de oración, que es lo que custodia esa dimensión vertical de la vida; la potencia, la forma y la protege.

Las organizaciones que pierden esa dimensión vertical, pierden la vida de oración enseguida. Las misas pasan a ser meras celebraciones populares, la oración personal se reduce a lo mínimo... Por eso insistimos en el cuidado de la Capilla, la pulcritud de los manteles, las velas, la limpieza... porque eso cuida la dimensión vertical, la fomenta y la expresa también. Y por eso en las misas dominicales insistimos tanto en celebrar con piedad, con unción, en que haya música que ayude a orar; y en las luces, que fomentan el recogimiento... es decir, intentamos que el misterio de la misa, que es en sí insondable, sea relevante para los que asisten. Queremos tender ese puente entre la objetividad de lo que allí, en el altar, acontece, y la subjetividad de quienes deberían percibirlo, y por ello crecer en la fe. Cada misa tiene un potencial evangelizador enorme.

Dice el P. Cantalamessa:

"El primer y fundamental anuncio que la Iglesia está encargada de llevar al mundo y que el mundo espera de la Iglesia, es el amor de Dios. Pero para que los evangelizadores sean capaces de transmitir esta certeza, es necesario que ellos sean íntimamente permeados por ella, que esta sea la luz de sus vidas".[179]

Estar íntimamente permeado por esta certeza del amor de Dios supone *que el amor de Dios sea la luz de tu vida*. Eso es algo que hay que alimentar constantemente, ¿no?

---

[179] Raniero Cantalamessa, Segunda Meditación de Cuaresma ante el Papa y la Curia Romana, Ciudad del Vaticano, viernes 1 de abril de 2011.

Vocación. Hambre y sed de orar

Es muy importante la oración. La oración no es una tarea más ni un tilde en la lista de las cosas pendientes que tenés que hacer: hiciste la meditación, hiciste la visita al Santísimo, rezaste el rosario, etcétera. Eso es al inicio, y está bien porque estás luchando por hacer, por cumplir, por incorporar hábitos. Pero la oración es más que eso, ¡mucho más! Es una necesidad que tenemos los consagrados; el hambre y la sed de justicia en el sentido evangélico se expresan en el hambre y la sed de orar. Una persona que tiene vocación tiene hambre y sed de orar: desea orar, desea orar más.

La oración expresa la necesidad que tenemos de intimidad con Dios, y de ternura, de amistad, de cercanía. Es el diálogo con Cristo; y en Cristo con el Padre, en el Espíritu Santo. Por la oración habitamos en la Trinidad y la Trinidad en nosotros. Y empezamos a vivir de a poco en continua y amorosa presencia de Dios, ¡qué cosa hermosa poder vivir así!

"El que me ama será fiel a mi palabra, y mi Padre lo amará; iremos a él y habitaremos en él",[180] dice Jesús.

Por medio de la oración vamos introduciéndonos en el corazón de Cristo. Dicen las Constituciones de la SSJ: *"Es Jesús en diálogo con el Padre el Maestro de nuestra oración. Él nos enseña, como a los apóstoles, a escuchar al Padre y a responderle. Vivimos nuestra oración como una gracia de participación en la oración de Cristo, pues brota de Cristo como de una fuente y va hacia el Padre por medio de Él, con el Espíritu de Cristo que «gime en nosotros con gemidos inefables»"*.[181]

Cuando escribimos este texto de las Constituciones, el padre Luis Toraca, que nos ayudó con algunos puntos, introdujo justamente este. Cuando lo leímos no comprendimos la hondura de su significado. No alcanzábamos todavía a experimentar que nuestra oración podía ser una participación de

---

[180] Jn 14,23.
[181] Rom 8,26.

la oración de Cristo, que gime con gemidos inefables. Pero dijimos: "Dejémoslo; si lo puso el padre Toraca debe ser por algo; ya con el tiempo iremos comprendiendo más". Lo que sí podíamos vislumbrar era la promesa que este texto anunciaba, pero no teníamos tanta vivencia de orar en Cristo de ese modo. Después, con el paso del tiempo, se nos fue haciendo patente que aquel texto había sido muy profético.

Nuestra oración es en primer lugar una gracia, un regalo de Dios. Por esa gracia participamos de la oración de Cristo; entramos en el corazón de Cristo; y en él, oramos al Padre.

Nuestra oración brota de Cristo en cada uno como una fuente que va hacia el Padre por medio de Jesús, con el Espíritu Santo, que gime en nosotros con gemidos inefables. Él nos da sus sentimientos, nos hace alabarlo, nos hace entregarnos, nos lleva al Padre…

En ese ir al Padre, vamos con todas las personas por las cuales intercedemos; con todas las situaciones que le presentamos… Así comenzamos a entrar en la oración de Cristo. Y ni te cuento a vos, que querés ser sacerdote, cuando celebres la misa… Esa es la oración de Cristo por excelencia. Es la entrega de Cristo al Padre que recapitula todo tu día, en el cual entran todas las cosas que viviste y todas las personas que tuvieron contacto con vos… Todas van a parar ahí, a la misa. Allí se recoge la oración de Cristo al Padre.

También está la oración a Cristo, al Amigo con el cual compartimos la vida; esa es otra dimensión de la oración. Y acompañando siempre, la oración a la Virgen.

Vida Iluminativa

"Aspiramos a un desarrollo iluminativo de la vida espiritual, un seguimiento positivo del Señor que configure personas nuevas. No basta con repetir devociones; se trata de experimentar la vida en Cristo por el poder del Espíritu".[182]

---

[182] Estatutos ASJA, nro. 16.

¿Qué es la vida iluminativa?

Acá me ayudo con el libro del Padre Tanquerey. Él, siguiendo el modelo más clásico, divide la vida espiritual en tres etapas: la vida purgativa, la vida iluminativa y la vida unitiva. Y dice:

> "Después que el alma se ha purificado de sus faltas pasadas por medio de una larga y penosa penitencia, según el número y la gravedad de sus pecados; cuando ya está fuerte en la virtud por el ejercicio de la meditación, de la mortificación y por el vencimiento de las malas inclinaciones y de las tentaciones, entra en la vida iluminativa. Llámase así por consistir especialmente en la imitación de nuestro Señor, por medio de la práctica positiva de las virtudes cristianas y ser Jesús la luz del mundo y porque quien le sigue no camina en las tinieblas".[183]

Es una etapa en donde se va superando la lucha contra el pecado –por lo menos el más grueso– y se pone el foco en la configuración con Cristo.

Después sigue:

> "Así pinta santa Teresa a los habitantes de las terceras moradas; o sea, a las almas que van adelante en la perfección: «Son muy deseosas de no ofender a su majestad; aún de los pecados veniales se guardan y de hacer penitencias son amigas. Tienen sus horas de recogimiento, gastan bien el tiempo, ejercítanse en obras de caridad con los prójimos, muy **concertadas** en su hablar y vestir, y gobierno de casa, los que la tienen»".[184]

Y fíjense en el siguiente texto, donde describe algunas señales de que uno está entrando en la vida iluminativa:

---

[183] ADOLPHE TANQUEREY, *Compendio de Teología Ascética y Mística*, libro II, punto 961.
[184] Ídem, 962.

"Hacemos de Jesús el centro de nuestros pensamientos, gustamos de estudiar su vida y sus misterios; tiene para nosotros el Evangelio mil nuevos encantos, leémoslo despacio, con cariño, fijándonos en los más menudos pormenores de la vida del Salvador, especialmente los que se refieren a sus virtudes. En Él hallamos materia inagotable de oración; sentimos la delicia al meditar su palabra, en analizarla por menudo, en hacer aplicación de ella en nosotros; cuando queremos nosotros ejercitarnos en alguna virtud, estudiámosla primero, en Jesús, recordando sus enseñanzas y ejemplos, y hallando en esto el motivo más poderoso para copiar en nosotros sus hábitos y virtudes. También es el centro de nuestros pensamientos en la Santa Misa, en la Comunión; las Oraciones Litúrgicas nos sirven de excelente medio para mejor conocerle. Por último, ponemos mucho empeño por medio de lecturas piadosas, para conocer más a fondo las enseñanzas del Señor, especialmente su doctrina espiritual y buscamos a Jesús en los libros".[185]

La presencia de Cristo en nuestra vida

Cristo se vuelve el centro de nuestros corazones, de nuestros pensamientos; comenzamos a vivir en continua y amorosa presencia del Padre en Cristo Jesús. Y eso no nos sustrae de hacer todo lo que tenemos que hacer, ¿no? Al contrario, vamos encontrando la presencia de Cristo en la vida cotidiana.

Tanquerey continúa:

"Mas el amor lleva de suyo a **la imitación.** Precisamente porque nos sentimos impulsados hacia el amigo por la buena estima que hacemos de sus virtudes, queremos copiarlas en nosotros para no constituir con él sino un solo corazón y una sola alma. Entendemos realmente que la unión esta, para ser íntima y profunda, **no puede ser sino comunicando en los pensamientos,**

---

[185] Ídem, 966.

sentimientos y virtudes del amigo; instintivamente se copia lo que se ama. De esta manera viene Jesús a ser el **centro de nuestras obras** y de toda nuestra vida. Cuando **oramos,** traemos a nosotros a Jesús con su espíritu de oración para dar gloria a Dios y pedirle eficazmente las gracias de que hemos menester. Cuando **trabajamos,** nos unimos al divino obrero de Nazaret para trabajar con él por la gloria de Dios y la salvación de las almas. Cuando deseamos **adquirir alguna virtud,** traemos a nosotros a Jesús, dechado perfecto de ella, y con él procuramos ejercitarnos en dicha virtud. No hay cosa alguna, ni aun las mismas **recreaciones,** que no usemos de ellas sino con Jesús y como Jesús, para después trabajar con mayores fuerzas por Dios y por su Iglesia".[186]

Cuando leí esto, me llamó la atención la parte que habla sobre las recreaciones, porque cuando yo estaba en el seminario y también cuando me ordené sacerdote, me gustaba salir a correr y escuchaba música profana, cierta música con buen ritmo. Y un día me di cuenta: "¡Ya basta con eso!". Me era muy difícil correr en Cristo escuchando ese tipo de música más mundana, porque corría desconectado de Cristo; como si estuviera en un paréntesis o en una burbuja. Por eso me decidí a correr escuchando música cristiana… que también tiene buen ritmo. Bueno, son pasos que uno da, en un deseo de una mayor presencia de Dios.

---

[186] Ídem, 968.

Felices los que tienen hambre y sed de justicia (II)

Uno de ustedes me comentaba que le generaba un poco de resistencia analizar la propia oración. Decía: "Quiero analizar a Cristo, más que analizarme a mí mismo". Eso está muy bien pero a veces... hay que analizarse a uno mismo. Es verdad que cuando uno se analiza a uno mismo, la oración es menos afectiva. Les recomiendo volver hacia atrás y contemplar a Cristo orante en algunos de los muchos pasajes evangélicos en que se lo ve orando. Cristo que ora y que vive de ese misterio de comunión con su Padre.

Y quizás, más inspirados en Él, podamos repensar, repasar esta Bienaventuranza de "hambre y sed de santidad" que se manifiesta en un hambre y una sed de vida espiritual, de crecer en el amor por Cristo, de recorrer los paisajes interiores, de avanzar, de no quedarnos en repetir devociones, de profundizar en la vida iluminativa y aun unitiva, como hicieron los santos.

Llamados a la santidad

Dicen que a Felipe Neri le encontraron el corazón agrandado de tanto amor que tenía por Cristo; y san Francisco de Asís fue estigmatizado porque se configuró tanto con Él que finalmente, al término de su vida, recibió los estigmas. Bueno, claramente estas son cosas extraordinarias que no pretendemos, pero lo que sí podemos, debemos y estamos llamados a pretender es la santidad; la nuestra, la personal, la que es dinámica en este contexto, en esta situación, en la Sociedad San Juan. *El Señor me llama a crecer, a no permanecer estático.*

Hace unos años el padre Pablo nos regaló a cada uno de los sacerdotes una imagen, una foto de un viejito rezando el rosario encorvado y de rodillas. Era un sacerdote que él conoció;

yo no lo conocí, pero esa imagen me encanta porque me hace desear llegar a viejo así, como ese sacerdote anciano que está arrodillado, rezando el rosario con piedad.

Necesitamos esa hambre y esa sed de crecer hacia adentro. Y también queremos tener hambre y sed de que otros crezcan en santidad. Sobre esto ya hemos meditado, pero me gustaría volver a esa idea en el marco de esta Bienaventuranza. *Porque el deseo del corazón de Jesús es que la Buena Noticia del Reino arda, y por eso es importante tener hambre y sed de justicia para otros.*

Don Bosco decía: *"Da mihi animas caetera tolle"*, que significa "Dame, Señor, almas; quédate con el resto, quítame el resto". Sed de almas, de que otros también vivan en Cristo y experimenten la Nueva Situación. Esa sed se despierta con la contemplación de la realidad. Vos ves a dos personas de la misma familia, y una de ellas vive en Cristo mientras que la otra no; y ves cómo esas vidas son tan distintas una a la otra. Esa constatación te lleva a un deseo de una mayor santidad para otros: un deseo apostólico.

Ese deseo es un don de la vocación y viene de lo alto; pero también enraíza en lo natural, que está mejor dispuesto si incluye el hambre y la sed. Y si no... ¡hay que fomentarlo!

Hambre humana

En Villa Dolores había un hombre a quien llamaban "el Chipá". El Chipá había hecho cursillos de Cristiandad, era un converso. Este tipo había sido boxeador y entrenador de boxeadores. Un día estábamos charlando sobre otro boxeador –que también era de Villa Dolores– y me dijo: "Sí, es bueno; tiene buena técnica, pero le falta hambre; los buenos boxeadores suben al ring con hambre". No se refería al hambre material sino al hambre de gloria, al hambre de ganar. Y yo en ese momento pensé: *"Es verdad: hay que tener un poco de hambre en la vida"*. Eso es natural; hay personas que tienen más hambre que otras, que tienen más ambición, más deseos de gloria, de triunfo, de éxito, de hacer algo que valga la pena.

Cuando esas dos hambres se juntan... *cuando esa hambre humana es tocada por la gracia, es transformada, sacada del egoísmo y del narcisismo, y puesta al servicio del Reino... sucede algo excelente, porque surge una fuerza que se canaliza hacia el bien.*

Son dos hambres que se encuentran: una viene de abajo; otra, de arriba... y se potencian.

Quizás vos no seas una persona con tanta hambre; tal vez sos más bien tranquilón, y no tenés tanta ambición. Si ese es tu caso... "Bueno, Señor, ayúdame". La gracia puede tocar la naturaleza: "Ayúdame a tener más hambre humana y también más hambre del Reino; que se junten esas dos hambres".

Porque las necesitamos a las dos. Si vos rendís un examen, es bueno que quieras que te vaya bien. Allí hay hambre de sacarte una buena nota y eso es algo positivo. ¿Qué vas a querer... qué te vaya mal? Imposible. Después llegará el momento de rectificar ese deseo; de entregarlo y hasta de quebrantarlo, porque hay que dar un paso de entrega; pero en principio, esa hambre es algo bueno.

Entonces, te pregunto: ¿Sos una persona que tenga hambre y sed? ¿Tenés ambiciones? ¿Tenés deseos? ¿Cuáles son? ¿Cómo te percibís a vos mismo? Y esos deseos, esa hambre, ¿se han encontrado con el hambre de Cristo en vos, con el hambre del Reino?

Grandes deseos

Jesús dice: *"También a otras ciudades debo anunciar la Buena Noticia del Reino de Dios porque para eso he sido enviado".*[187] Y sabemos además que *"...predicaba en las sinagogas de toda la Judea".*[188] Esa actitud de Cristo trasluce una gran hambre y sed del Reino que lo llevaban a seguir, a avanzar.

---

[187] Lc 4,43.
[188] Lc 4,44.

Se trata entonces de un deseo intenso. El que tiene hambre posee cierta viveza; el que no tiene hambre está como dormido, medio marmota. Cuando una persona es medio marmota, poco espabilada, a veces es que le falta hambre.

En el apostolado se ve mucho esto. El que tiene hambre está despierto, no pierde una oportunidad; apenas puede genera un encuentro, inicia una conversación, presta un libro, hace una invitación... Crea espacios, hace que las cosas sucedan. Para el que no tiene hambre, siempre hay una dificultad irresoluta. "Uy... no tenía su teléfono"; "Uy... se me rompió la computadora, no pude mandar ese mail"; "Uy... pasaron dos semanas; sí, sí, la persona me dijo que quería encontrarse con Dios pero... justo teníamos que..." ¡Bueno, el que no tiene hambre siempre está medio dormido!

Para la vida apostólica hace falta un poco de esa hambre, ¿no? Que es humana pero que tiene que estar tocada por la gracia; si no, no sirve mucho tampoco. Podría dar mil ejemplos, pero les dejo este: En una reunión, el que tiene hambre enseguida se fija, mira, observa para ver quién puede estar abierto al diálogo... y se acerca.

El P. Sebastián cuenta que, yendo de Italia a Croacia, estaba solo en la cubierta del barco y se puso a orar: "Señor, mostrame con quien querés que haga apostolado en este viaje". Y al rato vio una familia italiana, de Milán, que iba a la playa. Estaban muy pero muy alejados de la Iglesia. Y se pusieron a conversar sobre la Virgen, y sobre Medjugorje. El resultado fue que esta familia se tomó un día para ir a Medjugorje; estuvieron con el P. Sebastián todo ese día, se confesaron, volvieron a Dios. Y ahí comenzó para ellos un camino de fe que todavía sigue. Con el tiempo, el P. Sebastián fue a Milán a predicar un retiro a un grupo de familias convocadas por ellos. Amigos que también estaban lejos de Dios. ¿Qué les parece? ¡Eso es hambre y sed de justicia!

Cuando vos empezás un apostolado, evidentemente hay un desafío de conquista: necesitás comenzar bien, que te acepten, que se vinculen con vos. Por supuesto que esto es así no sólo por vos ni principalmente para vos ni para estar en el centro –eso hay que purificarlo–; pero lo necesitás porque si no, la gente a la que querés llegar no puede creer en el Señor. Si yo soy el puente para que otros crean en Dios y esas personas me detestan, es muy difícil que puedan querer a Cristo. Esa instancia de conquista, de desafío, requiere de cierta hambre, de preguntarme: "¿Cómo voy hacer para acercarme y acercar a estas personas a Cristo?" Y reflexionar, ubicarme, observar.

¿Por qué les digo esto? Porque *cuando algo te interesa, cuando tenés hambre de algo, te la rebuscás. A veces te encontrás con alguien que parece estar siempre medio dormido en el apostolado pero de repente algo le interesa y se las ingenia.* Qué sé yo: viene un familiar a visitarlo y se las arregla para prever y ordenar todo al detalle, para que todo salga bien, y resulta que termina gestionando perfectamente ese acontecimiento. Entonces no es que sea un dormido siempre, sino que le falta hambre de las cosas del Reino… ¿comprenden?

Por eso cuando las cosas no nos salen bien, tenemos que preguntarnos: ¿será que esto no nos interesa tanto? *Para lo que no nos interesa tanto, no ponemos todos los medios que están a nuestro alcance, no nos cuestionamos tanto, no nos involucramos tanto; encontramos excusas… En el fondo, no tenemos hambre de eso.*

Llamados a darlo todo

Nosotros estamos llamados a tener hambre y sed de santidad para los demás. Hambre de Reino, de Nueva Situación, de evangelización, como lo quieran poner. Tenemos que desear que avancen los programas, que mucha gente se acerque, que las cosas salgan bien, que el retiro sea un éxito, que esta jornada del Espíritu Santo dé fruto abundante, que este folleto esté bien hecho para que la publicidad sea convocante, que los cancioneros estén, que la guitarra esté afinada… y qué sé yo; que el colectivo funcione, que a la gente se la invite a tiempo, que las charlas estén bien distribuidas y que el equipo esté muy motivado. Todo eso es hambre; y ustedes tienen que tener un poco de hambre de todo eso.

Hambre y sed de que crezca la Sociedad: sobre eso ya hablamos también. Y hambre de comunicar esta hambre; de transmitirla a otros para despertar el fuego en otras personas. Hambre de que evangelicemos más y mejor entre los pobres. Hambre de que podamos comprender mejor qué tenemos que hacer por ejemplo en la cárcel de Córdoba para que sea un apostolado ungido. Ahora los sacerdotes de Córdoba van a la cárcel todas las semanas y es un desafío enorme. Están en esa etapa de ver qué hacer. No es que se quedan tranquilos diciendo "Bueno, vamos y punto", sino que hay hambre de hacer algo más, de llegar más lejos, más alto, más hondo. *El que tiene hambre busca, prueba, fracasa, lo vuelve a intentar, deja de lado las excusas y mantiene vivo el deseo.*

Yo pienso que nadie puede ser sacerdote en la SSJ si no experimenta esa hambre, porque sin ella, ¿cómo vas a ser misionero? Además, esa hambre es señal de haber descubierto una misión que se identifica con vos, con tu identidad más profunda.

Me acuerdo de cuando hice el retiro previo a mi ordenación. Fue en el Monasterio "Abba Padre" de Los Cocos. El padre Pablo me acompañó.

Repasé un poco toda mi vida y me di cuenta con más claridad –si bien era algo que había pensado antes, ahí tuve mucha luz al respecto– de cómo todos los acontecimientos de mi vida entera habían estado ahí para que yo pudiera llegar a ordenarme sacerdote.

Vi con toda claridad cómo las cosas *confabulaban* a favor de que eso estuviera pasando en la providencia de Dios. Hechos de mi infancia y de mi adolescencia, hechos sueltos a los que no les había encontrado mucho significado, cosas que yo había vivido...

Y en ese punto crucial de mi vida como fue ordenarme sacerdote, todo, absolutamente todo cobraba sentido y colaboraba para bien.

Pienso que eso es signo de que una persona ha encontrado su lugar: logra ver de a poco cómo eso que está haciendo ahora, expresa lo que es. *Dios me pensó para hacer lo que estoy haciendo ahora; nací para esto.* Eso no es una certeza que uno tiene al inicio, pero es una certeza que va creciendo.

Y esa es la razón por la cual *esta misión despierta mi hambre: porque logra poner en movimiento lo mejor de mí.*

¿Se dan cuenta? Los recursos que ustedes tienen, que Dios les dio a lo largo de toda su historia: su educación, la familia de cada uno, las cosas buenas que celebraron, los dolores que sufrieron, lo que aprendieron, lo bueno y lo malo; todo eso es un ejército que, cuando suena el clarín de esta misión, se pone de pie y entra en juego. Tenemos a nuestros soldados ansiando luchar esta batalla. Logramos poner nuestros recursos al servicio de esta misión porque "para eso he nacido, para eso he sido enviado",[189] como dice Jesús, y nosotros podemos también decir lo mismo.

Eso ayuda mucho. Cuando una persona es capaz de ver esto que acabo de describir, desea ardientemente poner todos sus recursos al servicio de esta misión, que finalmente se da cuenta de que es la suya, la que Dios le dio. Y se le despierta el hambre. Ya no está paveando sino jugando el partido más importante.

¿Por qué por ejemplo fuiste vos, Martín, a tal colegio donde nosotros trabajamos? Para que pudieras estar en la Sociedad San Juan. Si no, no estarías acá. Dios permitió que vos estuvieras en ese lugar, en ese momento y… fue "para esto". No es que haya sucedido "de casualidad". A veces da un poco de vértigo pensar: "Si yo hubiera ido a otro colegio, o no hubiera ido a tal retiro, o no hubiera encontrado a tal persona esa tarde que me invitó… no sería hoy sacerdote".[190]

---

[189] Cfr. Jn 8,37.

[190] El P. Lucas describe muy acertadamente el proceso del camino vocacional: *"La vocación no es una aspiración indefinida y a priori, radicada ya en la persona; es más bien una gracia que se despierta y madura* **gracias al encuentro con personas concretas,** *a la interacción con otros que tienen aspiraciones similares, a la motivación que proporcionan ejemplos vivientes, a la oración y el apostolado compartidos. La vocación es fruto*

Es así; es el misterio de la providencia de Dios, que me fue preparando para esto por caminos misteriosos, pero que yo cuando miro para atrás, puedo ver.

El Cardenal Newman describe en uno de sus sermones cómo es más fácil descubrir la providencia de Dios en nuestra vida cuando miramos hacia atrás en nuestra historia. Descubrimos entonces con asombro el designio amoroso de Dios para cada uno. Dice:

"Tal es la regla de Dios en la Escritura para dispensar Sus bendiciones silenciosa y secretamente, de modo que no las distinguimos en el momento sino por la fe y solamente después (...). Así también, en un sinnúmero de otras circunstancias, ni sorprendentes, ni dolorosas, ni agradables, sino ordinarias, somos capaces de discernir más tarde que Él ha estado con nosotros y como Moisés, adorarle. Dejad a una persona que confía ser en general aceptable en el servicio de Dios, mirar hacia atrás sobre su vida pasada, y descubrirá cuán críticos fueron momentos y hechos que cuando sucedieron parecían por demás indiferentes: como por ejemplo, la escuela a la que fue enviado cuando niño, la ocasión del encuentro con aquellas personas que más le han beneficiado, los accidentes que determinaron su llamada o expectativas cualesquiera fuesen. La mano de Dios está siempre sobre los Suyos y los lleva adelante por un camino que no conocen".[191]

---

del encuentro de una aspiración interior que viene de lo alto con los **signos providenciales** *que se dan en la Iglesia y en la historia. Éstos actúan como* **eventos que interpelan a la libertad de la persona, la cuestionan y la motivan a una entrega radical por el Reino de los Cielos.** *En estos signos el candidato reconoce la posibilidad* **de realizar sus aspiraciones más profundas,** *como si hubiera nacido para ello. El hecho de ser interpelado desde fuera, sin embargo, se muestra más acorde con la naturaleza de la vocación cristiana, en la que siempre Dios tiene la iniciativa". Ratio Studiorum de la SSJ.*

[191] JOHN HENRY NEWMAN, "Cristo manifestado en el recuerdo", PPS IV, 17, pp. 253-266.

• Ejercicio

1. ¿Tienen hambre y sed de crecer en la vida espiritual?
   ¿De amar más al Señor?

2. Esta perspectiva de crecer... ¿les atrae?

Porque francamente, y acá les hablo a ustedes, jóvenes con vocación sacerdotal: En la vida de ustedes hay aventura, como la hay en la mía y en toda vida cristiana entregada. Pero ustedes se ordenarán sacerdotes, Dios mediante, e irán a algún lugar, tendrán que fundar, tendrán que empezar, crear, generar... Habrá muchos desafíos, muchos cambios. Pero aun en el cambio, aun en el movimiento, ya saben cómo va a ser: van a trabajar con jóvenes, con adultos, con los programas, que hoy serán estos y tal vez mañana sean otros; trabajarán con los más pobres; ahora sumamos la cárcel, y siempre habrá nuevas puertas que abrir y nuevos puentes que tender.

Pero que quede claro que *esta vida sacerdotal misionera no se sostiene si no hay un crecimiento interior en el amor*; porque se vuelve aburrida, como toda vida. Hasta del cambio mismo se pueden aburrir... No sé qué vida les puede parecer poco aburrida a ustedes, pero supongamos que es la de un instructor de esquí en Andorra. ¡Qué divertido! Y sí, pero bueno, la quinta temporada es siempre igual. Y aun los que van de un lado al otro como vagabundos, se aburren de eso. *Lo único que te salva del aburrimiento es el amor.*

No podemos renunciar a tener un anhelo. Acá en la SSJ la perspectiva de crecimiento interior es muy importante, porque es el anhelo más grande; por lo menos para nosotros. Porque no podemos renunciar a tener anhelo. O yo anhelo éxitos mundanos, qué se yo, ser cardenal por ejemplo; o anhelo crecer hacia adentro. O anhelo tener poder o anhelo amar más al Señor; pero algún anhelo tengo que tener.

¿Cuál es tu anhelo? ¿Hacia dónde te atrae? ¿Hacia dónde van tus deseos?

El hambre y la sed son gracias que vienen con la vocación. Crecer en el deseo de amar. Yo tengo el deseo de crecer en el amor. A veces me pregunto: ¿cómo seré cuando cumpla 80 años? Pienso y espero que habré amado más al Señor y que lo conoceré más; que habré recorrido más los caminos del Espíritu, que viviré más en la Trinidad. Y después en el Cielo eso nunca se detiene, porque vas creciendo de gloria en gloria; porque el misterio de Dios es inagotable. Pero tener esa hambre y esa sed es una gracia que viene con la vocación.

Conozco a un joven que es una excelente persona: es casto, puro, orante, tiene todo... Y me pregunto cómo puede ser que no tenga vocación. Le falta un toque, como un amor necesario para poder dar ese paso. ¡Pero no lo tiene! Qué sé yo, no lo tiene. Todo indica que debería decir que sí. Pero no, no da su sí. Bueno, esa es la gracia de la llamada: poder decir que sí, poder amar al Señor y que ese deseo de crecimiento se arraigue en ustedes.

3. Los invito a detenerse en la vida de oración, que es una de las expresiones del hambre y la sed de justicia, de santidad.

- Revisar la fidelidad a la oración.

- Revisar la vida de oración desde la perspectiva del crecimiento espiritual.

- Pedir esa renovación, esa sed más grande; esa esperanza puesta en crecer hacia la vida iluminativa.

Después, revisen si van creciendo en cuanto a la calidad de su oración, y en su amor a Jesús y al Padre a través de la vida de oración.

En nuestro trabajo con los laicos queremos que ellos también experimenten la Vida Nueva; que no se queden en repetir devociones. Las devociones pueden ser el primer paso, pero deseamos más para ellos: anhelamos que experimenten, que gusten al Señor en la oración.

Y sobre todo yo lo anhelo y lo deseo fervientemente para ustedes, que están con corazón indiviso inmersos en las cosas de Cristo.

Gloria al Padre, al Hijo y al Espíritu Santo, como era en el principio, ahora y siempre por los siglos de los siglos. Amén.

Felices los de corazón puro

Comenzamos entonces con *"Felices los de corazón puro porque ellos verán a Dios"* que, como les conté, fue la más votada.

Comparto con ustedes algunos de los trabajos:

"El que tiene el corazón puro busca a Dios por sí mismo, deja libre su corazón al Creador; el que tiene corazón puro es auténtico, transparente, capaz de entrar en intimidad porque obra y se comunica tal como es. Por eso puede entrar en intimidad con Dios; al ser auténtico, íntegro y puro, puede tener un vínculo más profundo, puede ver más hondo. No se embota con lo superficial, sino que ve lo más verdadero, por eso verá a Dios. No busca aprobación, no busca su propio interés; le interesa más la gloria de Dios que su vanagloria ante las creaturas".

Hay en este testimonio un fuerte acento puesto en la transparencia, en la autenticidad de las personas que solo buscan la gloria de Dios y la salvación de los demás. No hay en ellas intenciones escondidas ni segundas agendas. Por lo tanto, pueden entrar en intimidad con Dios y con el prójimo; pueden entablar vínculos más profundos porque no esconden nada.

En cambio, el que tiene el facón debajo del poncho no puede entrar en intimidad porque le descubrirían el facón; entonces tiene que entablar relaciones más superficiales, ¿no?

Existe una particular belleza en los corazones puros. Y además, les es más fácil descubrir día a día la continua y amorosa presencia de Dios, porque ven a Dios en cada uno, como lo expresa la bienaventuranza: ¡Verán a Dios!

Otro testimonio dice:

"Es difícil elegir, pero me quedé con «Felices los que tienen el corazón puro porque verán a Dios» porque yo quiero ver a Dios; es un deseo que siempre me resultó fácil de percibir como natural en mí, inscripto en el corazón. Pero cada vez va tomando más sentido y más realidad lo que significa ver a Dios, descubrir su presencia en mi historia y en la de otros a través de la providencia; percibir su continua y amorosa presencia en el día a día, y vivir cada vez más en ella: momentos fuertes de oración en retiros, apostolados, oraciones particulares que llegan a ser verdaderas teofanías (revelaciones). Todo eso va acrecentando en mí el deseo de una visión directa y permanente. También se me ha ido aclarando con los años lo que significa tener el corazón puro, que al principio yo reducía a la virtud de la castidad. Pero he visto que Dios Padre, Hijo y Espíritu Santo se manifiesta y les resulta más evidente a los limpios de corazón, que no tienen el espíritu embotado por la sexualidad ni oscurecido por deseos egoístas y de vanagloria, a los sencillos. Por eso, esta Bienaventuranza me llega especialmente como una buena noticia, por la promesa que contiene".

Y alguien escribió:

"«Felices los puros de corazón porque verán a Dios»... Esta Bienaventuranza resuena en mí porque asocio la pureza de corazón a la pureza en la castidad, y en especial, al apóstol san Juan. San Juan es joven, de bajo perfil si lo comparamos con san Pedro. No tenía mujer. Recuerdo el pasaje donde Juan está en la barca con Pedro, Tomás, Natanael –y creo que Santiago–: el primero en reconocer a Cristo fue él: «¡Es el Señor!». Él fue quien lo vio (me gustó eso de que fue Juan el que pudo reconocer a Cristo más rápidamente). También cuando va al sepulcro, se da cuenta de que Cristo ha resucitado. «Él vio y creyó»".

Como podemos observar, todos han ampliado el concepto de pureza, no sólo vinculándolo a la castidad. Me pareció que los comentarios eran muy atinados.

El corazón

Vamos a entrar un poco en esta Bienaventuranza. En primer lugar, veamos lo que significa "el corazón" en la Biblia. Es el centro de la personalidad, de la afectividad, donde se dan cita la inteligencia, la voluntad y los afectos; incluso las pasiones. Por eso, el corazón *no es un lugar sino una síntesis de la personalidad.* Y es en este sentido que el primer mandamiento de la ley de Dios manda "amarlo a Él con todo el corazón".[192]

El corazón es también un testigo de los hechos interiores; un testigo que denuncia y que pone de manifiesto, como le pasó a David cuando reaccionó contra Saúl, que lo perseguía: *"Entonces David se levantó y cortó sigilosamente el borde del manto de Saúl; pero después le remordió la conciencia por haber cortado el borde del manto de Saúl y dijo a sus hombres: «Dios me libre de hacer semejante cosa»".*[193] Hay algunas versiones que traducen "conciencia" por "corazón". O sea, la conciencia para la Biblia *es también el corazón; como un testigo interior del bien y del mal.*

Jeremías declara que *"el pecado está grabado en las tablas del corazón".*[194] El corazón es también el espacio donde idealmente se interioriza la ley divina; donde uno acepta la ley... de corazón. Ezequiel anuncia que la ley será grabada en el futuro en corazones de carne y no en corazones de piedra.[195]

Y del corazón provienen el bien y el mal. Jesús lo dice muy claramente: *"Porque es del interior, del corazón de los hombres, de donde provienen las malas intenciones, las fornicaciones, los robos, los homicidios, los adulterios, la avaricia, la maldad, los engaños, las deshonestidades, la envidia, la difamación, el orgullo, el desatino".*[196]

---

[192] Cfr. Deut 5,5.
[193] 1 Sam 24,6-7.
[194] Jer 17,1.
[195] Cfr. Ez 36,26.
[196] Mc 7,21

Y va a decir en el Sermón de la Montaña: *"El que mira a una mujer deseándola, ya cometió adulterio con ella en su corazón"*.[197] Desearla con el corazón no hace referencia solamente a un mal pensamiento o a una pasión, sino que significa justamente desearla con el centro de la personalidad: desearla con mi inteligencia, con mi voluntad y con mis sentimientos. Es decir que transigir en esa debilidad y tomar una decisión al respecto, aunque sea interior, aunque no se concrete... es confirmar que aconteció allí donde se toman las decisiones, donde se pone en juego la libertad.

Evidentemente ser puro de corazón no significa, por lo menos en esta vida, ser indiferente a la atracción de una mujer determinada, o estar libre de todo mal pensamiento, eso es imposible; eso está en el ser humano pecador. Es más profundo, es ser capaz de amar en Cristo y que esas tentaciones afectivas o carnales pasan, pero no están en el corazón. Están en la carne, en la imaginación, están en las tentaciones, vivimos en un mundo muy erotizado, pero no están en el corazón, no llegan al corazón. Como dice el Salmo: *"Mi corazón está firme, Dios mío, mi corazón está firme"*.[198]

Por eso digo que el corazón es el centro; la pureza de corazón implica una purificación de la interioridad, del centro de la persona.

Puro de corazón es el que está lleno de amor al prójimo y de amor a Dios: lleno de caridad. Que ha sido tocado por la justicia de Dios, ha sido salvado, injertado en una situación nueva. Y es capaz de ver la realidad como la ve Dios; de relacionarse con la realidad como se relaciona Jesús.

Los que tienen el corazón puro son felices porque verán a Dios, no solamente en el Cielo sino ahora, en esta vida. Verán a Dios en los demás, descubrirán la presencia de Dios en las cosas, como ustedes también decían. ¡Feliz de vos si tenés el corazón puro!

---

[197] Mt 5,28
[198] Sal 108,2

Es importante distinguir que un *corazón ingenuo es diferente de un corazón puro.* Cada uno puede pensar en alguna persona que encarne esta Bienaventuranza, en un ejemplo viviente. Puede ser un sacerdote de la SSJ o algún otro sacerdote o una persona consagrada que ustedes conozcan, que sea el reflejo de un corazón puro. Lo cual no es lo mismo que un corazón ingenuo. La ingenuidad nos infantiliza, mientras que el corazón puro no es el corazón del niño que no creció, sino el de aquel que llegó a ser niño como respuesta a la llamada de Dios.

Entonces *es una especie de inocencia recuperada por don de Dios; una cierta limpieza para amar, para vincularnos con los demás, que es recuperada; es la limpieza de un pecador que ha sido redimido,* no la de un niño eterno. Son parecidas en una primera mirada, pero en realidad son muy distintas. El niño que no creció tiene que ir al psicólogo. En cambio el otro es una persona que con la gracia de Dios ha luchado consigo misma y por eso tiene un corazón puro.

Es siempre Dios el que nos purifica y nos da el don de un corazón puro, por eso hay que pedirlo con insistencia. *"Purifícame con el hisopo y quedaré limpio; lávame, y quedaré más blanco que la nieve",*[199] dice el Miserere. Y en el Apocalipsis: *"Estos son los que han lavado sus vestiduras y las han blanqueado en la sangre del Cordero".*[200] Es la cruz de Cristo, su entrega la que nos purifica y nos blanquea.

Cuando era chico conocí a un sacerdote que visitaba con cierta frecuencia nuestra casa. Se llamaba Esteban Uriburu. Tengo un recuerdo muy luminoso de su presencia; era una persona de corazón puro. Un hombre que transmitía esa pureza de corazón, pero no era ningún ingenuo. Me acuerdo de que a las mujeres en general las trataba de usted. Era algo que me llamaba la atención. No era un ingenuo sino una persona que sabía poner la distancia necesaria; tenía una gran pureza.

---

[199] Sal 51,9.

[200] Apoc 7,14.

El celibato

Entonces: en primer lugar, la pureza de corazón hace una clara referencia a la capacidad de amar como Cristo, según Cristo y en Cristo. Y por eso implica una transparencia y una capacidad de vincularse sin ocultar. El puro de corazón es una persona que ha conquistado una identidad fuerte y por lo tanto no necesita vivir a la defensiva. La pureza de corazón es una Bienaventuranza arraigada en la virtud de la humildad. Todos están llamados a tener un corazón puro.

Pero ahora quisiera hablar principalmente a los sacerdotes y estudiantes en la Sociedad San Juan. Son consideraciones sobre el celibato, que pueden interesar a todos, porque comprender el celibato es comprender un poco más el misterio de Cristo; pero que interesan principalmente a quienes han recibido el don de la vocación a la vida consagrada.

El celibato es un aspecto particular de esta Bienaventuranza, porque hay una pureza de corazón propia de quienes han sido llamados a vivir el género de vida que Cristo vivió, por amor a él. Para ello vamos a considerar el siguiente escenario: que la disciplina sobre el celibato en la Iglesia cambiara, y que se pudieran ordenar para el clero diocesano hombres casados. No vamos a ponernos a pensar si eso sería o no conveniente, sino que vamos a evaluar la reacción de cada uno frente a esta posibilidad. ¿Cómo reconsiderarías vos tu llamada a ser sacerdote en el contexto que describí recién? ¿En qué medida abrazarías el celibato aún con mayor libertad, como una llamada personal y positiva del Señor a vivir su vida y a entrar en sus amores de un modo radical?

¿Por qué les planteo esto? Porque aunque esto no sucediera nunca, sí es importante, en el camino al sacerdocio, darse cuenta de que la llamada al celibato es una llamada específica y distinta de la llamada al sacerdocio; van juntas en la práctica pero cada una tiene su propia especificidad. El celibato no es un "precio que hay que pagar para ser sacerdote". Porque si fuera así, sería un precio demasiado alto que no podríamos pagar. Es en cambio una llamada en positivo a abrazar un género de vida que Jesús mismo abrazó para sí. Es una llamada a entrar profundamente en su humanidad resucitada, ya desde ahora, de modo literal.

El celibato, un don de Dios

El celibato es mucho más que un precio a pagar; es un carisma, es un don de Dios. Y vamos a profundizar por qué.

En primer lugar –y el más importante, me parece a mí–, hay una razón cristológica para ser célibe, y es que Jesús vivió célibemente. Él eligió y abrazó esa forma de vida como la forma que mejor expresa la Vida Nueva, o su mensaje. El célibe expresa mejor, vive y encarna mejor, en el sentido de más radicalmente...

- la filiación con el Padre,

- la fraternidad con los hombres,

- la centralidad del amor de Dios en la vida,

- la orientación hacia una misión,

- y la esperanza en la Vida Eterna.

Dice en las Constituciones: *"Jesucristo vivió enteramente dedicado a las cosas de su Padre inaugurando así el celibato vivido por el Reino".*[201] Él lo inauguró y fue el primero que lo vivió. Jesús no estaba atado por ninguna ley eclesiástica y sin embargo quiso vivir así. Lo eligió libremente.

Como también lo eligió Newman, muy joven y aun siendo anglicano.[202] Podría haberse casado perfectamente, pero él

---

[201] Const. 41.

[202] *"I am obliged to mention, though I do it with great reluctance, another deep imagination, which at this time, the autumn of 1816, took possession of me, —there can be no mistake about the fact; that it was the will of God that I should lead a single life. This anticipation, which has held its ground almost continuously ever since, —with the break of a month now and a month then, up to 1829, and, after that date, without any break at all,—was more or less connected in my mind with the notion that my calling in life would require such a sacrifice as celibacy involved; as, for instance, missionary*

eligió el celibato; eligió ese estilo de vida porque percibió una llamada a esa radicalidad, aun diferenciándose de la práctica común de la Iglesia Anglicana. Eso, pienso yo, lo ayudó para convertirse; sin esa elección no habría podido convertirse, porque no hubiera tenido esa libertad, esa entrega para decir: "Bueno, dejo todo para dar este paso". Hubiera tenido muchos intereses distintos: cuidar a su familia, sostener el puesto de trabajo que tenía; conservar un determinado estilo de vida, entre otros.

El celibato facilita tener un corazón indiviso. Jesús quiso vivir célibemente para amar de modo radical con su corazón humano al Padre, hacer de ese amor el centro de su vida, y amar a los demás con un corazón indiviso.[203]

Si Jesús hubiera querido, podría haberse casado. Y no habría habido nada de malo en eso, y hubiera tenido sus hijos. Pero, entonces, ¿cómo podríamos nosotros sentirnos igualmente amados que sus hijos según la carne? Seguramente sus hijos biológicos hubieran tenido un status diferente del nuestro; hubieran sido como de otra categoría...

Sin embargo, *el amor de Cristo es hondo, personal y universal en virtud de su entrega completa. No hay un solo ser humano que quede, en principio, excluido del amor de Cristo;* por eso dice San Pablo: *"Por lo tanto, ya no hay judío ni pagano,*

---

work among the heathen, to which I had a great drawing for some years. It also strengthened my feeling of separation from the visible world, of which I have spoken above". John H. Newman, *Apologia pro vita sua.*

[203] "Cristo, Hijo único del Padre, en virtud de su misma encarnación, ha sido constituido mediador entre el cielo y la tierra, entre el Padre y el género humano. En plena armonía con esta misión, Cristo permaneció toda la vida en el estado de virginidad, que significa su dedicación total al servicio de Dios y de los hombres. Esta profunda conexión entre la virginidad y el sacerdocio en Cristo se refleja en los que tienen la suerte de participar de la dignidad y de la misión del mediador y sacerdote eterno, y esta participación será tanto más perfecta cuanto el sagrado ministro esté más libre de vínculos de carne y de sangre". Pablo VI, *Sacerdotalis Caelibatus*, nro. 21.

esclavo ni hombre libre, varón ni mujer, porque todos ustedes no son más que uno en Cristo Jesús".[204]

Es verdad que tuvo una cercanía especial con Pedro, Santiago y Juan; y también con los doce apóstoles y con los setenta y dos discípulos; es decir que su amor humano, como todo amor humano, se dio en círculos concéntricos, pero en el corazón de Cristo hay lugar para todos; su amor es inagotable. Y no encontrás otros amores en Cristo, ni otras preocupaciones, ni otros intereses. Su amor es el amor de un corazón completamente unificado.

Corazón célibe

Hay muchas citas que se pueden mencionar al respecto. Jesús dice: *"Mi comida es hacer la voluntad de Aquel que me envió y llevar a cabo su obra".*[205] Él habla de esto: *"En efecto, algunos no se casan, porque nacieron impotentes del seno de su madre; otros, porque fueron castrados por los hombres; y hay otros que decidieron no casarse a causa del Reino de los Cielos. ¡El que pueda entender, que entienda!".*[206] No a todos les es dado entender el lenguaje que utiliza Jesús; solo a aquellos que han recibido ese don de Dios.

Cuando habla del ciento por uno, Jesús se expresa así: *"Les aseguro que el que haya dejado casa, hermanos y hermanas, madre y padre, hijos o campos por mí y por la Buena Noticia, desde ahora, en este mundo, recibirá el ciento por uno".*[207] Aquí reconoce esa entrega mayor.

Cuando le dicen: *"Tu madre y tus hermanos te buscan ahí fuera",* él contesta: *"Estos son mi madre y mis hermanos. Porque el que hace la voluntad de Dios, ese es mi hermano, mi hermana y mi*

---

[204] Filip 3,28.
[205] Jn 4,34.
[206] Cfr. Mt 19,12.
[207] Mc 10,29-30.

madre".[208] Eso es propio de un corazón célibe. El que es capaz de amar y hacer de los demás, madre y hermano.

Lo mismo sucede cuando habla del buen pastor: *"Yo soy el Buen Pastor. El Buen Pastor da su vida por las ovejas"*.[209] Cristo está haciendo referencia a una entrega total de la propia vida, que incluye el darla por aquellos a quienes se ama.

Jesús asume un estilo de vida itinerante y célibe; y de ese modo se convierte en un ícono viviente del mensaje que anuncia. Y por eso, si estamos llamados a esa vida, también estamos llamados a vivir esa vida en Cristo y con Cristo. No solamente a ser sacerdotes, sino a vivir como Él, a configurarnos con Él.

Hay una configuración con Cristo que solamente puede experimentarla el célibe.[210] Puedo entender cada vez más, aunque nunca suficientemente, el amor de Cristo por los demás, porque yo lo vivo así, como un don; porque he sido llamado a esa vida. Digo "yo" en sentido genérico; cada uno de nosotros puede experimentar eso. Y después lo vemos en concreto, nos sucede en los hechos cotidianos. A mí me sor-

---

[208] Mt 12,47-48.

[209] Jn 10,11.

[210] "Jesús, que escogió los primeros ministros de la salvación y quiso que entrasen en la inteligencia de los misterios del reino de los cielos (*Mt* 13,11; *Mc* 4,11; *Lc* 8,10), cooperadores de Dios con título especialísimo, embajadores suyos (*2Cor* 5,20), y les llamó amigos y hermanos (*Jn* 15,15; 20,17), por los cuales se consagró a sí mismo, a fin de que fuesen consagrados en la verdad (*Jn* 17,19), prometió una recompensa superabundante a todo el que hubiera abandonado casa, familia, mujer e hijos por el reino de Dios (*Lc* 18,29-30). Más aún, recomendó también, con palabras cargadas de misterio y de expectación, una consagración todavía más perfecta al reino de los cielos por medio de la virginidad, como consecuencia de un don especial (*Mt* 19,11-12). La respuesta a este divino carisma tiene como motivo el reino de los cielos (*Ibíd.* v. 12); e igualmente de este reino, del evangelio (*Mc* 20,29-30) y del nombre de Cristo (*Mt* 19,29) toman su motivo las invitaciones de Jesús a las arduas renuncias apostólicas, para una participación más íntima en su suerte". Pablo VI, *ibidem*, nro. 22.

prende. ¿Cómo puede ser que yo sienta este cariño por todas estas personas que son tan distintas de mí en edad, en situación cultural, en todo?

Hay una gran diferencia entre el sacerdote, que tiene una determinada edad, un contexto, una personalidad y una cultura específicas, y la gente a la cual a lo largo de su ministerio es enviado a servir.

Somos muy diversos... ¿Por qué me relaciono con estos jóvenes, con estas chicas, con estos chicos, con estas personas? ¿Por qué me intereso? ¿Por qué logro sentir que soy padre de ellos de alguna manera? Bueno, eso es por el don del celibato; es Cristo en mí. Yo soy un egoísta... naturalmente hablando. Si no fuera por el don del corazón de Cristo, yo no podría amar a estas personas. ¿Se dan cuenta? Es Cristo en mí el que se interesa. El hombre viejo es más limitado: con un grupo más pequeño de amistades se conforma. Es el hombre nuevo –es decir, Cristo en mí– quien es capaz de vincularse así. Y ese modo de vinculación es un don, un fruto del celibato.

Me acuerdo de la primera vez que fui a Holy Trinity Brompton a verlo a Nicky Gumbel.[211] Era una reunión ecuménica, así que había pastores, ministros, predicadores evangélicos y algunos sacerdotes católicos. Los pastores estaban con sus esposas, las pastoras con sus maridos, y nosotros los sacerdotes estábamos entre nosotros; conformábamos un grupo aparte, de camaradas. Y se percibía en el ambiente que constituíamos para el resto un grupo especial. Se notaba cierta admiración de los pastores por los sacerdotes; como que ellos eran capaces de valorar y de darse cuenta de que hay una entrega mayor y una disponibilidad mayor. Algunos no lo entendían, pero los más espirituales lo captaban. Incluso uno me lo dijo; expresó esa nostalgia por una vida vivida con la misma entrega que Cristo, sin otras ataduras.

---

[211] Holy Trinity Brompton, iglesia en Londres donde comenzó el curso Alpha, dirigido por el Rev. Nicky Gumbel desde 1990.

Entonces, la primera razón es cristológica. Las Constituciones expresan una cierta analogía entre el celibato y la vida de oración, ya que ambas son una participación de la vida en Cristo. Sobre la oración dicen: *"Vivimos nuestra oración como una participación en la oración de Cristo"*[212] Y sobre el celibato: *"Pedimos que Él viva en nosotros su castidad redentora, que nos hace realizar en la tierra la unión con Dios sin mediación conyugal, nos une a Cristo Esposo de la Iglesia y nos permite vivir como hermanos y amigos de todos".*[213] Es la castidad de Cristo, la de Él. Y subraya: "... que nos hace realizar en la tierra la unión con Dios sin mediación conyugal", porque el sacramento del matrimonio es una mediación: el hombre es para la mujer una mediación del amor de Dios, y viceversa.[214] En cambio, a través del don de una vida célibe nos unimos a Dios sin esa mediación, directamente; nos unimos a Cristo, esposo de la Iglesia. Jesús es el esposo que se entrega por la Iglesia, por los hombres y mujeres, con un amor fiel, fecundo y oblativo, y entregado.

Entonces, nos pone del lado del esposo. Nosotros, los sacerdotes, somos el esposo en Cristo de la Iglesia; no somos solterones ni personas sin compromiso.

---

[212] Constituciones, nro. 53.

[213] Constituciones, nro. 42.

[214] "El matrimonio, que por voluntad de Dios continúa la obra de la primera creación (*Gén* 2,18), asumido en el designio total de la salvación, adquiere también él nuevo significado y valor. Efectivamente, Jesús le ha restituido su primitiva dignidad (*Mt* 19,38), lo ha honrado (cf. *Jn* 2,1-11) y lo ha elevado a la dignidad de sacramento y de misterioso signo de su unión con la Iglesia (*Ef* 5,32). Así los cónyuges cristianos, en el ejercicio del mutuo amor, cumpliendo sus específicos deberes y tendiendo a la santidad que les es propia, marchan juntos hacia la patria celestial. Cristo, mediador de un testamento más excelente (*Heb* 8,6), ha abierto también un camino nuevo, en el que la criatura humana, adhiriéndose total y directamente al Señor y preocupada solamente de él y de sus cosas (*1Cor* 7,33-35), manifiesta de modo más claro y completo la realidad, profundamente innovadora, del Nuevo Testamento". PABLO VI, *ibídem*, nro. 20.

Padre de muchos

Me acuerdo de que hace años, yo vivía en Córdoba e iba para Pilar. Mi padre me llamó para pedirme que fuera a una reunión familiar que había ese día. Le dije: "No voy a poder, papá", y como insistía con que yo estuviera presente –como habitualmente hacen los padres de uno–, le respondí: "Vos imaginate que soy un padre que tiene diez hijos; no puedo ir, tengo diez hijos que atender"; y con ese argumento me parece que lo convencí.

Y pienso que es una imagen muy real, más de diez hijos... si una persona tiene más de diez hijos biológicos, nadie le insiste mucho con que se haga presente en tal cumpleaños o en tal primera comunión... y los padres en ese caso no insisten con que uno vaya a dormir a la casa paterna. A una persona casada y con diez hijos no se lo dice: "Vení a dormir a casa", al contrario, se le aconseja: "Dormí con tu mujer". Sí se lo invita: "Vení a visitarme"; "vení un domingo", pero no que deje la casa propia para ir a dormir a lo de los padres. Eso sucede cuando los matrimonios no andan muy bien. Un hombre casado duerme en su casa, y no en la casa de sus padres, habitualmente. Yo no recuerdo que mis padres se fueran a dormir a lo de mis abuelos... Bueno, yo me considero de esa manera; no soy soltero ni separado.

Y pienso que es una imagen muy real la de los diez hijos o más. Son imágenes que nos ayudan porque constituyen realidades también. Estamos llamados a vivir así: como hombres casados y más, porque tenemos más que diez hijos. Porque para eso somos célibes. Si yo hubiera querido tener tres o cuatro hijos, me habría casado, los habría amado, educado, mandado a un buen colegio, pero no me casé porque quería tener más hijos en Cristo Jesús.

"Nos permite vivir como hermanos y amigos de todos". Eso es lo propio del don del celibato. Si vos tenés esposa e hijos, es muy difícil que puedas vivir como hermano y amigo de todos. Lo veo con mucha claridad en la acción misionera. Hay allí un interés, una capacidad de vincularse, un celo misionero, una atención puesta en cada uno, una capacidad de saltar las

diferencias culturales, un amor por los pobres, una constancia que insume las veinticuatro horas, siete días a la semana... Eso también es propio del célibe en Cristo.

Y después dice: *"Nos compromete a una relación de amor única y sin reservas con Él, con Cristo"*, que se brinda a nosotros totalmente. Jesús les hablaba en parábolas a miles de personas, a todos los que quisieran escucharlo. Pero la explicación de las parábolas se la daba a los doce. La intimidad de Jesús fue con los doce. Cristo se brinda a nosotros totalmente porque nosotros nos brindamos a Él totalmente también. Hay una predilección, hay una complicidad propia del que es célibe.[215]

Vida espiritual

La segunda razón es más práctica, y se relaciona con una mayor unidad de vida. La desarrolla San Pablo cuando le preguntan acerca del tema, en la carta a los Corintios. San Pablo dice: "Bueno, yo les recomiendo que no se casen; hagan como yo, porque si se casan, van a tener preocupaciones, como por ejemplo ocuparse de su esposa, de cómo agradarle. Si se quieren casar, cásense. No hay pecado en eso, está bien, pero... yo les recomiendo esto, el celibato. Van a poder dedicarse más al Señor".[216] Es un argumento de orden práctico que él detalla ahí. Y es también una propuesta para que tengamos una mayor unidad de vida y así podamos ocuparnos exclusivamente de las cosas de Dios.

---

[215] "La respuesta a la vocación divina es una respuesta de amor al amor que Cristo nos ha demostrado de manera sublime (*Jn* 15,13; 3,16); ella se cubre de misterio en el particular amor por las almas, a las cuales él ha hecho sentir sus llamadas más comprometedoras (cf. *Mc* 1,21). La gracia multiplica con fuerza divina las exigencias del amor que, cuando es auténtico, es total, exclusivo, estable y perenne, estímulo irresistible para todos los heroísmos. Por eso la elección del sagrado celibato ha sido considerada siempre en la Iglesia «como señal y estímulo de caridad»; señal de un amor sin reservas, estímulo de una caridad abierta a todos". PABLO VI, *ibídem*, nro. 24.

[216] Cfr. 1 Cor 7.

Hay además una razón que podríamos llamar "ascética": la persona célibe puede desarrollar una vida espiritual más profunda; hay como una gimnasia espiritual propia del célibe, que permite una vida de oración más honda.

La vida de casado –con todos sus atractivos y todas sus comodidades– ancla mucho el alma al cuerpo, de algún modo; entonces no le permite al alma estar tan *ágil* para la vida en el Espíritu. La vida célibe, por lo general, permite una disponibilidad más grande para orar, una capacidad de escuchar más profunda; porque como el ser humano es pecador, el diálogo entre el cuerpo y el alma está un poco dañado. Entonces el celibato potencia y restaura ese diálogo.

Los monjes budistas, por ejemplo, son célibes principalmente por esta razón "ascética"; para poder dedicarse a la vida espiritual como ellos la entienden, como para que las pasiones no los afecten. Creo que yo les conté de un diálogo que tuve con un monje budista una vez, cuando visitó la Argentina. Se trataba de un monje que daba conferencias por todo el mundo, muy famoso, y me consiguieron una audiencia con él. Fui a conocerlo, y fue muy amable. Conversando me di cuenta de que él no creía en un Dios muy personal, sino en una especie de *totalidad impersonal*; entonces le pregunté por qué era célibe, en esa perspectiva ¿a quién le consagraba su vida? Y me contestó que en definitiva el amor humano es una pasión.[217] El amor en el fondo se reduce a lujuria y la lujuria, como toda pasión, trae sufrimiento; entonces, si vos lográs desapegarte de la pasión del amor, no sufrís ni te expones tanto, y estás más libre para desear el bien a todos y vivir en paz. En fin, no sé si hago justicia al pensamiento profundo de este monje, porque fue una conversación de unos minutos, pero recuerdo que esa fue la impresión que me quedó, y sirve para ilustrar lo que quiero decirles. Me pareció una razón muy muy pobre para vivir célibemente; solo como una especie de desapegarse de las pasiones; solo con eso evidentemente no alcanza. Yo

---

[217] Me dijo literalmente: *"What´s love?... ultimately, love is lust"*.

le dije: *nosotros nos queremos vincular con mucha gente y sufrir mucho*. Y amar mucho, profundamente. Y por eso somos célibes.

Y después hay una razón más "logística", vinculada con la movilidad misionera. Nuestro estilo de vida está forjado a imagen de la vida pública de Jesús, que era itinerante y tenía total disponibilidad para con los demás.

Es verdad que hay en la Iglesia Católica Oriental sacerdotes casados; pero es verdad también que la Iglesia "en salida" –como dice el Papa Francisco–, la Iglesia misionera, fue siempre la occidental. La que logró traspasar las culturas, la que tuvo esa disponibilidad absoluta para salir, fue la Iglesia que contó con sacerdotes célibes.

"Señor, yo te lo he entregado todo"

Ser llamados al sacerdocio es un don; porque mediante este don somos admitidos a la comunidad de los doce, al amor de Cristo sin mediación conyugal, a un vínculo con el corazón de Cristo que nos permite amar al Padre y amar a los demás como Él los ama. También se nos propone ser padres en Él.

Ese don nos introduce en la vida sacerdotal por la llamada de Jesús; evidentemente el celibato sin ese don es imposible. A lo sumo será posible la abstinencia con mucha fuerza de voluntad. Pero el celibato fecundo es un don de Dios; por eso se requiere un carisma, una llamada. Y por eso mismo se lo recibe con humildad, como un don inmerecido. Haber recibido ese carisma no implica ser mejores, sino haber sido elegidos, misteriosamente.

Y un signo de la vocación es que la persona va creciendo en este aspecto; no solamente en aquello de lo que se abstiene, que es solo una parte, sino también en su capacidad de hacerse cargo de otros, de vincularse, de entregarse, de compartir los amores de Jesús; de amar a personas a quienes se da cuenta de que no amaría si no fuera célibe, o por quienes no se interesaría espontáneamente, pero que *en Cristo* logra hacerlo. Eso es el don del celibato. Me interesa en mi propia carne, porque "no soy yo el que vive sino Cristo el que vive en mí".[218]

Pero también implica una renuncia real y costosa en algunos momentos. *Es una llamada a un estilo de vida superior; es el estilo de vida que Jesús eligió, pero implica una renuncia.*

Una renuncia a algo bueno, algo atractivo, que también está anclado en la propia carne de algún modo. Hay una renuncia a la intimidad con una mujer, a ese vínculo exclusivo, y al cariño y la ternura que una mujer te da; hay una renuncia al placer sexual y a tener tu propia familia carnal. Sin duda estamos hablando de renuncias que cuestan.

Pero uno renuncia por la conciencia de una llamada personal. Renunciar implica dejar ir y elaborar el duelo; decir: "Esto es bueno, es lindo, es atractivo, pero no es lo que yo elijo, no es mi identidad, no es mi llamada, no es lo que Dios me pide a mí".

A veces tenemos la idea equivocada de que sólo tenemos que renunciar a lo que es malo, al pecado. Y no es así: hay cosas que son buenas en sí mismas y a las cuales renunciamos en virtud de la elección de otras cosas, que son las que preferimos.

Dos modos de renunciar

En mi experiencia personal hay dos modos de renunciar:

Un modo es estirando la soga (por usar una imagen), no enfrento el tema, lo tengo por ahí en alguna parte de mi mente, pero no lo enfrento, no tomo una decisión. Y el tiempo pasa, pasa, pasa, y de hecho… voy renunciando. Como que hay una renuncia de hecho. "¡Hace cinco años que estoy acá, ya renuncié!", porque la soga se estiró tanto que es como una renuncia de hecho. A veces este tipo de renuncias por estira-

---

[218] Cfr. Gal 2,20.

miento sirve para evitarnos tener que luchar batallas menores, de menor importancia.

Pero, para las cosas importantes, a veces no alcanza con ese estilo de renuncia. Hay otra renuncia que se da cuando cortamos la soga con un hacha. No puedo yo renunciar a la vida conyugal estirando la soga. "Bueno, al final, cuando yo ya tengo 50 años no me voy a haber casado", no. Esa renuncia exige agarrar el hacha y decir: "Señor, me estás llamando" y corto la soga. Con un impulso de la voluntad, de la decisión, elaboro el duelo y te lo entrego; es algo bueno, es algo lindo, es algo atractivo y yo renuncio a eso.

El amor de Jesús, el amor que Él nos da, el amor del Padre y el amor de la esposa, que es la Iglesia, no reemplaza en la experiencia personal al amor de una mujer, no es igual, exactamente igual. Es un amor distinto, más hondo, muy capaz de hacer feliz el corazón del hombre, pero no es exactamente igual; entonces por eso me parece que hay una renuncia; que pienso se mantiene de algún modo en el tiempo, de diverso modo, según pasan los años; pero pienso que es muy positivo porque es una especie de recordatorio, como le dice Pedro a Jesús: "Señor, yo te he entregado todo". "Sí, Pedro, ya lo sé, y por eso ustedes se sentarán conmigo en mi Reino; ya sé, Pedro, que ustedes han entregado todo".[219] El Señor lo ve.

El otro día pensaba que hay algunos que renuncian por otras razones menores; por ejemplo, los militares, cuando van a la guerra, dejan su casa, su familia, por algo de menor importancia que el Reino de los Cielos; por algo importante como el bien de la patria, pero que es menos valioso. O una maestra rural que hace de esos niños su familia.

Es bueno pensar que no solamente nosotros hacemos tales renuncias. Hay otras personas que también han hecho esa renuncia por algo que consideraban un bien valioso más allá de sí mismos, ¿no? Nosotros renunciamos por algo mucho mayor aún, y con un bien más grande; pero la renuncia está.

---

[219] Cfr. Mt 19,27-30.

- Ejercicio

Les propongo que hagan una oración en tres momentos:

1. El primer momento que sea de acción de gracias por esta llamada, por este don. "Te doy gracias, Señor, porque soy como el apóstol Juan; porque me has llamado a seguirte así, de este modo". Agradecerle a Dios por el don de poder entrar en sus amores.

2. En un segundo momento, miren su propio corazón y vean si han elaborado la renuncia; si han renunciado o si simplemente han estirado la soga. Y pidan la gracia de poder hacer la renuncia que les pide Jesús. Si reciben esa gracia, renuncien más hondamente y entréguensela al Señor.

3. Por último, pidan tener la visión a futuro de cómo va a ser ese corazón célibe con el tiempo: "Señor, si yo crezco en esto, en esta llamada que vos me hacés, ¿hacia dónde irá mi corazón? ¿Qué significará en mi vida ser cada vez más puro de corazón?" Pidan ver cómo avanzará su corazón en la medida en que avanza la renuncia que ustedes le entregan a Cristo.

Gloria al Padre, al Hijo, y al Espíritu Santo.

Felices los misericordiosos

Jesús revela el rostro humano de Dios misericordioso

"Felices los misericordiosos porque obtendrán misericordia".[220]

El Evangelio está lleno de ejemplos de esta Bienaventuranza; son muchas las parábolas en las que Jesús insiste en perdonar para ser perdonados,[221] o en practicar la misericordia para ser recibidos en el Cielo.[222]

Consciente del lugar de la misericordia en el Evangelio, San Juan Pablo II escribió una encíclica dedicada a la misericordia de Dios (*Dives in Misericordia*) donde dice que la misericordia del Padre con los hombres y de los hombres entre sí constituye la esencia del *ethos* evangélico.[223] **Es el corazón del Evangelio; Dios es misericordioso porque gratuitamente se vuelca hacia la creación entera y hacia el hombre por amor; por un amor que no es necesidad sino que es puro don.**

Y la Encarnación nos habla de la misericordia de Dios. En el cántico de Zacarías y en el de la Virgen –cánticos que proclaman en alabanza el misterio de la Encarnación– queda de manifiesto que la misericordia es la razón por la cual Dios se hace hombre.

Dice Zacarías: *"…gracias a la **misericordiosa ternura de nuestro Dios**, que nos traerá del Cielo la visita del Sol naciente*

---

[220] Mt 5,7.
[221] Cfr. Mt 18,23-35.
[222] Cfr. Mt 25,31-46.
[223] Cfr. Juan Pablo II, *Dives in Misericorida*, nro. 3.

para iluminar a los que están en las tinieblas y en la sombra de la muerte, y guiar nuestros pasos por el camino de la paz".[224] Y antes también había dicho: *"Así **tuvo misericordia** de nuestros padres y se acordó de su santa alianza".*[225] La Virgen María dice: *"**Su misericordia se extiende de generación** en generación sobre aquellos que lo temen".*[226]

La Encarnación nos muestra que Dios es rico en misericordia y que sale a nuestro encuentro; al encuentro de nuestra debilidad, de nuestra fragilidad, de nuestra situación quebrada. Sale a rescatarnos. Por eso Jesús es misericordioso y revela el rostro humano de Dios misericordioso, en su vida y en sus obras.

Cristo tiene una inagotable actitud misericordiosa. Hacia los pecadores, hacia los que sufren, hacia los enfermos, hacia los que están lejos, hacia los leprosos. Dos veces cita el Antiguo Testamento cuando dice: *"Si hubieran comprendido lo que significa: «Yo quiero misericordia y no sacrificios»... "*[227] y conmina a los fariseos: *"¿No han entendido todavía?".*[228] Les reprocha su falta de misericordia y es exigente con ellos.

A Jesús en el Evangelio siempre se lo ve comprensivo con la debilidad y exigente con la falta de misericordia: de hecho, se indigna por la falta de misericordia.

La misericordia de Dios se alegra frente al pecador que se acerca

Cristo es compasivo con las ovejas que no tienen pastor,[229] y en sus predicaciones y enseñanzas frecuentemente desarrolla el tema de la misericordia. En el capítulo 15 de Lucas tene-

---

[224] Lc 1,78-79.

[225] Lc 1,72.

[226] Lc 1,50.

[227] Cfr. Mt 12,7.

[228] Cfr. Mt 9,13.

[229] Cfr. Mt 9,36.

mos las parábolas sobre la misericordia de Dios, en las cuales
Jesús, con imágenes que ya son patrimonio común, relata la
misericordia del Padre.

En la célebre parábola del hijo pródigo contemplamos al
padre que vio a su hijo venir de lejos, se conmovió, corrió a su
encuentro, lo abrazó, lo besó, puso un anillo en su dedo, san-
dalias en sus pies, mató al mejor cordero e hizo una fiesta.[230]
Fíjense cuántos detalles que quieren expresar la misericordia
del Padre frente al pecador. Es un texto para rumiar porque...
*¡cuántas veces lo hemos escuchado, pero nos cuesta creer que
es así!* Creer en la misericordia de Dios que se alegra de ese
modo frente al pecador que se acerca y que es alcanzado por
la salvación.[231]

También es expresiva la parábola donde el pastor deja a las
noventa y nueve ovejas para ir a buscar a esa que estaba perdida; y cuando la encuentra, la carga sobre sus hombros. Dice
Jesús: *"Les aseguro que de la misma manera, habrá más alegría en el
Cielo por un solo pecador que se convierta, que por noventa y nueve
justos que no necesitan convertirse"*.[232]

Y en la parábola de la moneda encontrada,[233] una mujer
barre su casa, encuentra la moneda y hace fiesta. ¡Cada uno de
nosotros es esa moneda encontrada por Dios!

Por otra parte, Jesús se indigna con la crueldad y con la
dureza de corazón. Por ejemplo, en la parábola de los dos
siervos,[234] a uno se le perdona una enorme deuda y él no es
capaz de perdonar una deuda mucho menor. Por eso se hace
acreedor del duro castigo de quien lo había perdonado en primer lugar: *"«¡Miserable! Me suplicaste y te perdoné la deuda. ¿No*

---

[230] Cfr. Lc 15,11-32.

[231] Sor Faustina comparaba el pecado del mundo con una gota,
que había que sumergir en el mar de la Misericordia Divina. Cfr.
su *Diario*.

[232] Lc 15,7.

[233] Cfr. Lc 15,8-10.

[234] Cfr. Mt 18,23-35.

debías también tú tener compasión de tu compañero, como yo me compadecí de ti?». E indignado, el rey lo entregó en manos de los verdugos hasta que pagara todo lo que debía".[235]

Jesús va al encuentro del pecador y lo rescata, como hizo con la mujer adúltera.[236] Allí, ante la insistencia de los fariseos, proclama: *"El que no tenga pecado, que tire la primera piedra".*[237] Con Zaqueo[238] también es misericordioso. Zaqueo es un recaudador de impuestos a quien Jesús mira; luego entra en su casa y proclama allí que ha sido salvado, rescatado para el Reino.

Misericordia para juzgar

Como un desarrollo de la Bienaventuranza, en el mismo Sermón de la Montaña Jesús enseña sobre la misericordia para juzgar a los demás: *"No juzguen para no ser juzgados, porque con el criterio con que ustedes juzguen, se los juzgará. Y la medida con que midan, se usará para ustedes. ¿Por qué te fijas en la paja que está en el ojo de tu hermano y no adviertes la viga que está en el tuyo? ¿Cómo puedes decirle a tu hermano: «Deja que te saque la paja del ojo» si hay una viga en el tuyo? Hipócrita, saca primero la viga de tu ojo, y entonces verás claro para sacar la paja del ojo de tu hermano".*[239]

Es cierto que en el capítulo 18 de Mateo Jesús enseña sobre la necesidad de la corrección fraterna, sobre todo hacia adentro de la comunidad cristiana,[240] pero en el Sermón de la Mon-

---

[235] Mt 18,32-34.
[236] Cfr. Jn 8,1-11.
[237] Jn 8,7.
[238] Cfr. Lc 19,1-10.
[239] Mt 7,1-5.
[240] "Si tu hermano peca, ve y corrígelo en privado. Si te escucha, habrás ganado a tu hermano. Si no te escucha, busca una o dos personas más, para que el asunto se decida por la declaración de dos o tres testigos. Si se niega a hacerles caso, dilo a la comunidad. Y si tampoco quiere escuchar a la comunidad, considéralo como pagano o publicano. Les aseguro que todo lo que ustedes aten en la tierra, quedará

taña está hablando del juicio implacable, del juicio del corazón que condena al otro. Que mira al otro no con amor, no con amistad, sino con condenación. Por eso dice en las Constituciones: "*Sabemos perdonar y pedir perdón, tratando de eliminar de nuestro juicio toda sentencia implacable y de nuestro corazón todo resentimiento*".[241] ¿A que hace referencia las Constituciones con la palabra 'implacable'? Se trata de una condena, de un juicio terminante, del cual es difícil redimirse. La misericordia sabe descubrir, ver y valorar lo mejor del otro. La misericordia se inclina ante la dificultad y el sufrimiento desde la compasión, que es la capacidad de sufrir con el otro, de estar a su lado, de ayudarlo. Eso viene de Dios. Los juicios implacables y temerarios se oponen a la misericordia.

El amor misericordioso

Otro punto importante del Sermón de la Montaña es el amor a los enemigos. "*Ustedes han oído que se dijo: «Amarás a tu prójimo y odiarás a tu enemigo». Pero yo les digo: amen a sus enemigos, rueguen por sus perseguidores; así serán hijos del Padre que está en el Cielo, porque Él hace salir el sol sobre malos y buenos y hace caer la lluvia sobre justos e injustos. Si ustedes aman solamente a quienes los aman, ¿qué recompensa merecen? ¿No hacen lo mismo los publicanos? Y si saludan solamente a sus hermanos, ¿qué hacen de extraordinario? ¿No hacen lo mismo los paganos?*".[242]

Siempre se consideró el amor a los enemigos como una característica específicamente cristiana. Porque lo más espontáneo en nosotros es la inclinación a pagar con la misma moneda; a devolver, como si fuéramos un espejo, lo que recibimos. Si recibimos amor, devolvemos amor; si recibimos indiferencia, devolvemos indiferencia, y así. Pero esa dinámica no funciona con el amor a los enemigos.

---

atado en el cielo, y lo que desaten en la tierra, quedará desatado en el cielo" (Mt 18,15-18).

[241] Constituciones, Est. 63.

[242] Mt 5,43-47.

El amor misericordioso va más allá de ser un espejo que solo devuelve lo que recibe; más bien nos propone ser proyectores, capaces de iluminar a los demás con la misericordia que hemos recibido de Dios.

Cuando no hemos perdonado a nuestros enemigos o a quienes a veces sentimos que nos contradicen –porque "enemigos" es una palabra fuerte no siempre aplicable a nuestra vida diaria– nos es difícil orar. Nuestra falta de misericordia es una traba para la oración y para experimentar la misericordia del Padre. Por eso dice Jesús: *"Cuando ustedes se pongan de pie para orar, si tienen algo en contra de alguien, perdónenlo y el Padre que está en el Cielo les perdonará también sus faltas"*.[243]

Así que Dios es misericordioso; ama con amor misericordioso, es compasivo, lento para enojarse, dice la palabra de Dios.[244] Jesús también es misericordioso: sale al encuentro del sufrimiento, de la debilidad, del ser humano pecador. Además de poner en práctica la misericordia, Cristo la enseña, y a través de su enseñanza y su ejemplo nos invita a nosotros a ser misericordiosos.

Juan Pablo II en el documento citado, dice:

"En base a tal modo de manifestar la presencia de Dios que es padre, amor y misericordia, Jesús hace de la misma misericordia uno de los temas principales de su predicación. Como de costumbre, también aquí enseña preferentemente «en parábolas», debido a que estas expresan mejor la esencia misma de las cosas. Baste recordar la parábola del hijo pródigo o la del buen samaritano y también —como contraste— la parábola del siervo inicuo. Son muchos los pasos de las enseñanzas de Cristo que ponen de manifiesto el amor-misericordia bajo un aspecto siempre nuevo. Basta tener ante los ojos al Buen Pastor en busca de la oveja extraviada o la

---

[243] Mc 11,26.

[244] "El Señor es un Dios compasivo y bondadoso, lento para enojarse, y pródigo en amor y fidelidad" (Ex 34,6).

mujer que barre la casa buscando la dracma perdida. El evangelista que trata con detalle estos temas en las enseñanzas de Cristo es san Lucas, cuyo evangelio ha merecido ser llamado «el evangelio de la misericordia»".[245]

A Lucas le sorprende mucho este rasgo de la vida y del misterio de Jesús, y lo transmite en su Evangelio.

Misericordia en acción. Jesús misionero

Quisiera terminar el comentario a esta Bienaventuranza con dos puntos que me parecen especialmente relevantes:

1. Por un lado, un ámbito muy concreto donde poner en práctica la misericordia es la vida común, la casa en la que cada uno vive. Ahí se juega cotidianamente nuestra capacidad de perdonar, de no hacer juicios temerarios, de no condenar, de ser comprensivos, buenos amigos los unos con los otros.

A veces Dios permite que experimentemos en carne propia la debilidad, el pecado incluso. Y hasta parece que nos retirara su mano para que mordamos el polvo, ¿no? Recordemos cuando Dios dice, por ejemplo: *"Yo endureceré el corazón del faraón"*[246] para que no deje al pueblo judío salir de Egipto. Sin duda se trata de una expresión un poco paradójica, pero hace alusión a esta misteriosa realidad: en ocasiones Dios endurece nuestro corazón; es decir, no nos ayuda más y nos deja librados a nuestro propio corazón obstinado y duro. Entonces mordemos el polvo y ahí... ¡aprendemos a ser más misericordiosos!

Ese es el bien que Dios saca del mal; nos deja darnos algunos golpes para poder luego enseñarnos que no somos tan santos ni tan buenos como pensamos; al contrario, somos pecadores, pero perdonados por la gracia de Cristo, y por eso Él nos invita a ser misericordiosos con nuestros hermanos. Si en

---

[245] JUAN PABLO II, *op. cit.*, nro. 3.
[246] Cfr. Ex 14,4.

verdad queremos que Dios nos ayude, practiquemos la misericordia, acerquémonos unos a otros, ayudémonos, no nos condenemos mutuamente...

Dice santo Tomás, comentando a Aristóteles:

"... los hombres se compadecen de sus semejantes y allegados, por pensar que también ellos pueden padecer esos males. Ocurre igualmente que los más inclinados a la misericordia son los ancianos y los sabios, que piensan en los males que se ciernen sobre ellos, lo mismo que los asustadizos y los débiles. A la inversa, no tienen tanta misericordia quienes se creen felices y tan fuertes como para pensar que no pueden ser víctimas de mal alguno".[247]

La persona que se cree fuerte, poderosa, exitosa, suele ser más dura con los demás porque no se imagina a sí misma en situación de necesidad. ¡Hasta que después necesita de los otros!

Por eso, no hay que esperar a estar en situación de necesidad; si nos va bien, si tenemos éxito, si la vida nos sonríe... ¡seamos más misericordiosos aún para que Dios nos siga bendiciendo!

2. El modo habitual como nosotros vivimos la misericordia es el apostolado. Porque justamente, un misionero de la Nueva Evangelización es una persona que va a buscar a esos bautizados que no conocen a Jesucristo. Por el poder del Espíritu Santo, esa es una obra de misericordia: la más importante de todas.

Me gustaría que reflexionaran sobre esa vinculación. Dios es misericordioso y sale al encuentro del hombre; el Hijo se encarna y, llegada su hora, sale a recorrer pueblos y ciudades anunciando la Buena Noticia del Reino;[248] va en busca de los

---

[247] SANTO TOMAS DE AQUINO, *Suma Teológica*, II-IIae - Cuestión 30, a. 2c.
[248] Cfr. Mt 4,23 y 9,35.

pecadores. Esa es la misericordia en acción. *La misericordia de Dios en acción es Jesús misionero*. Su misericordia se manifiesta así: perdonando, enseñando, llamando.

Y en nosotros sucede de la misma manera. *"Convocar, formar y enviar"*[249] son acciones de Cristo, que es quien convoca, forma y envía movido por la misericordia, por el amor misericordioso de Dios que sale al encuentro del que no está, del que no se siente llamado y quizás ni siquiera sabe que ha sido llamado.

El amor misericordioso no depende de lo que el otro nos devuelve sino que toma la iniciativa. Eso es lo esencial de la misericordia; el amor misericordioso tiene motor propio.

Hay otros amores que viven del ida y vuelta. Pero el amor del misionero es un amor que da, que siembra, que va en búsqueda, que llama, que convoca.

Esa es nuestra obra de misericordia más fuerte, la que ejercemos una y otra vez: el apostolado. ¡Somos misioneros!

Nos configuramos con Jesús en su vida pública para dar el mismo mensaje que Él dio en su vida pública. En esos tres años Jesús entregó un mensaje, una Buena Noticia, que tiempo después fue puesta por escrito en el Nuevo Testamento. Ese mensaje está sintetizado en las parábolas, en el Sermón de la Montaña, en sus enseñanzas, y en cada uno de los gestos y las actitudes de Cristo.

Las cartas de San Pablo y el resto de los escritos neo-testamentarios lo amplían y se hacen eco de él. En Cristo hay una Nueva Situación, un ingrediente novedoso, un quiebre que nos inserta en una relación de amor misericordioso de hijos con el Padre.

El Papa Francisco insiste en que la misericordia es un aspecto central del mensaje de Cristo, y por eso ha querido proclamar un Jubileo de la Misericordia. Dice el Papa:

---

[249] La expresión "Convocar, Formar, Enviar" describe en tres palabras el itinerario misionero de los programas de evangelización.

"Jesucristo es el rostro de la misericordia del Padre. *El misterio de la fe cristiana parece encontrar su síntesis en esta palabra.* Ella se ha vuelto viva, visible y ha alcanzado su culmen en Jesús de Nazaret".[250]

Y también propone *la misericordia como una actitud esencial para la Nueva Evangelización*:

"En nuestro tiempo, en el que la Iglesia está comprometida en la Nueva Evangelización, el tema de la misericordia exige ser propuesto una vez más con nuevo entusiasmo y con una renovada acción pastoral. Es determinante para la Iglesia y para la credibilidad de su anuncio que ella viva y testimonie en primera persona la misericordia. Su lenguaje y sus gestos deben transmitir misericordia para penetrar en el corazón de las personas y motivarlas a reencontrar el camino de vuelta al Padre. La primera verdad de la Iglesia es el amor de Cristo. De este amor, que llega hasta el perdón y al don de sí, la Iglesia se hace sierva y mediadora ante los hombres".[251]

Entonces, hemos de asumir e interpretar la misericordia tal como la entendió Jesús en su vida pública: como solicitud paternal de Dios hacia los pecadores, hacia los que están alejados, hacia los pobres. También como celo por llevar a todos esta Buena Noticia del amor del Padre, rico en misericordia. Es una misericordia misionera, un ¡fuego![252] que Cristo ha venido a traer a la tierra...

En síntesis: para la Sociedad San Juan la más importante, urgente y necesaria obra de misericordia es la Nueva Evangelización.

No siempre vinculamos la misericordia con el celo apostólico; y es muy importante que lo hagamos porque esa vincu-

---

[250] Papa Francisco, *Misericordiae Vultus*, nro. 1.

[251] *Ídem*, nro. 12.

[252] "Yo he venido a traer fuego sobre la tierra, ¡y cómo desearía que ya estuviera ardiendo!" (Lc 12,49).

lación existe y es real. Yo estoy a veces en el Newman Center y pienso: "Todos estos chicos que hay acá desconocen a Jesucristo y sus vidas van a ser sin Jesucristo, con todo lo que eso significa. Se van a casar, si es que se casan, sin Jesucristo; quizás se van a separar, como les pasa a tantos, sin Jesucristo; van a trabajar sin Jesucristo; por lo tanto, pueden llegar a convertirse en materialistas e individualistas; van a vivir sin Jesucristo y morir sin Jesucristo"… Y siento una profunda misericordia, unas enormes ganas de anunciarles a Jesucristo, porque si ellos lo reciben, sus vidas van a ser algo completamente diferente.

Como ven, *las Bienaventuranzas son como un espiral; no abordan temas separados sino que se vinculan unas con otras y se ahondan mutuamente, porque reflejan el corazón vivo de Cristo.* En todas se habla del amor, del apostolado; son cuestiones que están muy relacionadas. Nosotros las separamos para poder considerarlas, reflexionar acerca de ellas, orar con unas y con otras.

- Ejercicio

    1. Contemplar a Jesús lleno de misericordia, que sale a evangelizar. Pueden tomar el texto de la primera predicación de Jesús en Nazaret:

    "Jesús fue a Nazaret, donde se había criado; el sábado entró como de costumbre en la sinagoga y se levantó para hacer la lectura. Le presentaron el libro del profeta Isaías y, abriéndolo, encontró el pasaje donde estaba escrito: «El Espíritu del Señor está sobre mí, porque me ha consagrado por la unción. Él me envió a llevar la Buena Noticia a los pobres, a anunciar la liberación a los cautivos y la vista a los ciegos, a dar la libertad a los oprimidos y proclamar un año de gracia del Señor». Jesús cerró el Libro, lo devolvió al ayudante y se sentó. Todos en la sinagoga tenían los ojos fijos en él. Entonces comenzó a decirles: «Hoy se ha cumplido este pasaje de la Escritura que acaban de oír»".[253]

---

[253] Lc 4,16-21.

Y también pueden reflexionar sobre el punto 12 de las Constituciones:

"Ese Cristo evangelizador y predicador vive en nosotros no solo porque predicamos en su Nombre la Buena Nueva, sino porque lo predicamos a Él, lo que supone un conocimiento íntimo de Jesús y una plena configuración con Él".

"Lo que hemos visto con nuestros ojos, lo que hemos contemplado y lo que hemos tocado con nuestras manos acerca de la Palabra de Vida, es lo que les anunciamos",[254] decía el apóstol Juan.

2. En segundo lugar, los invito a tomar las obras de misericordia como las enumera el Catecismo de la Iglesia Católica:

"Las obras de misericordia son acciones caritativas mediante las cuales ayudamos a nuestro prójimo en sus necesidades corporales y espirituales (cf. Is 58,6-7; Hb 13,3). Instruir, aconsejar, consolar, confortar, son obras espirituales de misericordia, como también lo son perdonar y sufrir con paciencia. Las obras de misericordia corporales consisten especialmente en dar de comer al hambriento, dar techo a quien no lo tiene, vestir al desnudo, visitar a los enfermos y a los presos, enterrar a los muertos (cf. Mt 25,31-46). Entre estas obras, la limosna hecha a los pobres (cf. Tb 4,5-11; Si 17,22) es uno de los principales testimonios de la caridad fraterna; es también una práctica de justicia que agrada a Dios (cf. Mt 6,2-4)".[255]

La práctica de las obras de misericordia es un aspecto esencial del camino de formación de los laicos; por eso en la ASJA (Asociación San Juan Apóstol) se describe así: *Todo miembro de la ASJA tiene una sensibilidad y un interés particular por los po-*

---

[254] 1 Jn 1,1.
[255] CATIC, nro. 2447.

bres. Esta preocupación se verá, en primer lugar, en el trato con los más pobres que lo rodean, y también en la colaboración con alguna tarea de servicio a la comunidad, ya sea explícitamente evangelizadora o de acción social; llamamos a esto el «plus de causa noble»".[256]

Los invito a vincular estas obras de misericordia con la vida de ustedes y con su apostolado. Y a pedirle a Cristo un corazón lleno de misericordia.

Gloria al Padre, al Hijo y al Espíritu Santo. Como era en el principio, ahora y siempre, por los siglos de los siglos. Amén.

---

[256] Estatutos ASJA, nro. 16.

Productor de paz

La palabra en griego de esta Bienaventuranza es *"eirene poios"*, que significa trabajador por la paz, obrero de la paz, o artesano de la paz. Algunas Biblias traducen "Felices los pacíficos", pero la palabra original tiene una intención específicamente activa: *artesano, productor de la paz, proyector de la paz; una persona que es factor de paz allí donde está, que la tiene en sí y la irradia*; y por eso será llamado "hijo de Dios".

Porque la paz es de algún modo la Nueva Situación. Sabemos que la paz en hebreo se dice: *shalom*, que en la Biblia tiene una resonancia muy rica; es la plenitud de la bendición que un hombre puede desear para sí y desearle a otro en esta vida. Es la paz con Dios, la paz con los hermanos, la plenitud de vida, la serenidad.

Por lo tanto, el que trabaja por la paz, el que es factor de paz, no es solo aquel que evita el conflicto –en ese caso sería alguien pacífico, manso a lo sumo–, sino que es quien experimenta una paz que viene de Dios y que está arraigada en la justicia, en la Vida Nueva; por eso, será llamado hijo de Dios. Porque es factor de la paz de Dios en el mundo.

Servidores de la reconciliación

El que trajo la paz es Jesucristo. Él nos ha reconciliado y dice san Pablo que nos hace ministros, servidores de la reconciliación de los seres humanos con Dios y entre sí. El Concilio Vaticano II afirma que este es precisamente el fin de la Iglesia, que para eso Jesús instituyó la Iglesia: para ser factor de unión de los hombres con Dios y por lo tanto, de los hombres entre sí.[257]

Pero vamos a abordar este tema de la paz en dos puntos más específicos:

1. La paz fraterna, sobre todo en la comunidad.

Esta Bienaventuranza no hace alusión principalmente a una disposición natural como podría ser un temperamento apacible, sino a una conducta comunitaria en la cual la caridad se difunde y en la cual también se lucha por establecer vínculos de amistad y de fraternidad, o por reanudar lazos que se habían roto.

En la perspectiva del Evangelio de Mateo, los primeros beneficiarios de esta búsqueda de la pacificación y de la reconciliación son los miembros de la Iglesia. Cuando Mateo escribe estos textos, está pensando en los desafíos que enfrenta la Iglesia que nace; por eso recuerda las enseñanzas de Jesús, e inspirado por el Espíritu Santo, las entrega como Palabra de Dios para la Iglesia.

Me parece que algunos textos pueden ayudar a reflexionar sobre esto que está en la Biblia. Por ejemplo: *"Si la exhortación en nombre de Cristo tiene algún valor, si algo vale el consuelo que brota del amor o la comunión en el Espíritu o la ternura y la compasión..."*.[258] San Pablo está diciendo: "Si me quieren dar bolilla por favor... si algo de lo que voy a decir les importa... si Jesucristo resucitó y es verdadero, si realmente está en la Eucaristía, si tienen fe, si son cristianos, escuchen lo que voy a decir". O *"Les ruego que hagan perfecta mi alegría permaneciendo bien unidos"*. Y después sigue: *"Ten-*

---

[257] "Y porque la Iglesia es en Cristo como un sacramento, o sea signo e instrumento de la unión íntima con Dios y de la unidad de todo el género humano, ella se propone presentar a sus fieles y a todo el mundo con mayor precisión su naturaleza y su misión universal, abundando en la doctrina de los concilios precedentes." LG 1.

[258] Filip 2,1-4.

198

gan un mismo amor, un mismo corazón, un mismo pensamiento
*(...) no hagan nada por rivalidad o vanagloria, y que la humildad
los haga estimar a los otros como superiores a ustedes mismos.
Que cada uno busque no solamente su propio interés, sino también el de los demás".*

"No hagan nada por rivalidad o vanagloria". **¡Qué consejo más
práctico ese, y más importante para la vida común!** Todos estamos tentados por la vanidad o por la vanagloria.

Que la humildad nos lleve a estimar a los otros como superiores, no solamente como iguales... ¡Cuán lejos estamos
de esta humildad! Por eso tenemos que pedirla: "Señor, dame
una visión real de las cosas". Y buscar el interés de los demás,
que implica entre otras cosas vencer la tentación de sacar ventaja, de ser ventajeros.

Estar a la altura de la llamada

Otro texto que recomiendo para que reflexionen está en la
Carta de San Pablo a los Efesios.[259] Primero dice: *"Yo que estoy
preso por el Señor, los exhorto a comportarse de una manera digna
de la vocación que han recibido"*; que es lo mismo que decir "Estén a la altura de la llamada". Y después sigue: *"Con mucha
humildad, mansedumbre y paciencia sopórtense mutuamente por
amor; traten de conservar la unidad del Espíritu mediante el vínculo de la paz".*

"Con mucha humildad, mansedumbre y paciencia"... No dice
con un poquito, sino *con mucha humildad*; entran en juego todas
estas Bienaventuranzas.

Después utiliza una palabra que es muy realista: *"Sopórtense* mutuamente por amor". A veces hay que aguantarse,
como dicen los chicos: te banco, te banco a muerte, te soporto
hoy que estás medio pesado... *No sé qué te pasa, pero te hago
el aguante.*

---

[259] Cfr. Ef 4,1-4.

Y también insiste en lo mismo en la carta a los Colosenses:[260] *"Practiquen la benevolencia, la humildad, la dulzura, la paciencia; sopórtense los unos a los otros y perdónense mutuamente siempre que alguien tenga motivo de queja contra otro. El Señor los ha perdonado, hagan ustedes lo mismo".* Sean misericordiosos... y obtendrán misericordia.

"Sobre todo revístanse del amor que es el vínculo de la perfección". El vínculo de la perfección, *el vínculo de la Vida Nueva es el amor. No hay otro vínculo de la perfección; habrá otros vínculos, pero no son de la perfección.*

"Que la paz de Cristo reine en sus corazones". Esta es la paz de la que habla la Bienaventuranza: *"Esa paz a la que han sido llamados"* –porque formamos un solo cuerpo–, es la paz de Jesús.

Humildad, dulzura y paciencia: la dulzura se opone a la amargura; esa amargura propia de aquel que siempre se está quejando o de mal humor. La dulzura es lo contrario de eso: es propia de una persona que tiene luz. Esta sería la primera dimensión de la paz; buscar la paz en la comunidad.

La ductilidad

Otro aspecto dentro de esta primera reflexión es la paz hacia la comunidad grande de la Iglesia, para la cual necesitamos de la ductilidad. Es decir, la capacidad de vincularnos con grupos y personas distintas, dentro de la misma Iglesia. Esto es muy importante para nosotros porque somos misioneros, y muchas veces asumimos la conducción de obras que ya están: por ejemplo, una parroquia que ya está funcionando o un Newman Center[261] que ya tiene una historia.

Cuando nosotros llegamos al Newman Center de Corvallis, había una mujer que estaba a cargo, con una visión muy

---

[260] Col 3,12-15.

[261] Newman Center: Centro de Pastoral Universitaria en Estados Unidos, dedicado a la evangelización en las Universidades Estatales, que no son confesionales, sino laicas.

distinta de la nuestra sobre cómo tenía que ser la pastoral universitaria. Pensábamos de formas muy diversas. También había un párroco que tenía una visión muy diferente de la de ella y también de la nuestra. Así que ya al comenzar había en juego tres modos o estilos distintos.

Esto no es todo, porque en la parroquia, además, existía un grupo muy sensible a la ortodoxia doctrinal. Se llamaba "Los pilares de la verdad" haciendo alusión a la expresión de San Pablo.[262] Y bueno, cada grupo nos quería *asociar* a su visión. Se requería una gran ductilidad para decir: "No voy a involucrarme en batallas que no son las mías, sino que voy a anunciar a Jesucristo. No quiero perder energía en que me asocien con un grupo o con el otro, o entrar en internas, que no digo que no sean importantes, pero no constituyen lo nuestro. *Nosotros hacemos lo nuestro y lo nuestro es el anuncio de Jesucristo, que es lo esencial"*.

En eso consiste la ductilidad: es la capacidad de ser factor de paz. Esto es algo que ellos mismos reconocieron con el tiempo: que podíamos hablar con todos, que trabajábamos con los hispanos, con los estudiantes, y que queríamos dedicarnos a lo esencial de cara al mundo.

Y por eso podíamos ser un factor de paz; porque los cristianos nos encontramos en lo esencial. En el amor por Cristo y en la certeza de que en Él hay una Nueva Situación.

Otro ejemplo que recuerdo es cuando el P. Guillermo llegó a la parroquia en Montevideo y se encontró con algunas pocas personas que llevaban años allí, y que por lo tanto tenían una idea muy determinada sobre "cómo se habían hecho siempre las cosas". Cuando nos reunimos con ellos, me llamó la atención cómo y cuánto el P. Guillermo tenía en cuenta a cada uno. No los excluyó, sino que los escuchó y los escucha; por eso él es un factor de paz.

---

[262] "Así sabrás cómo comportarte en la casa de Dios, es decir, en la Iglesia del Dios viviente, *columna y fundamento de la verdad*" (1 Tim 3,15).

No es que llegamos y empezamos todo de cero, sino que *nuestro estilo es asumir, purificar y elevar. Bueno, para eso hay que tener cierta ductilidad: la capacidad de distinguir lo esencial de lo accidental y también cuál es aquel punto en el cual no podemos transigir.* Siempre habrá cosas por las que luchar porque son esenciales, pero ciertamente habrá otras en las que podemos ser flexibles, para no perder energías en batallas menores.

Un requisito fundamental para poder tener esta ductilidad, que es también prudencia, es la sólida formación. La formación intelectual sólida te da ductilidad. Si vos tenés cuatro o cinco verdades colgadas de un hilo... y bueno, te aferrás a eso y te volvés rígido. O, por el contrario, entrás en un eclecticismo sin vida, en un relativismo destructivo, y te convertís en sal sin sabor y en luz oscura. Si tenés una formación sólida, eso te permite distinguir con prudencia. Como decía Santo Tomás de Aquino en sus artículos: *"Oportet distinguere"* ("Conviene distinguir").

2. Después hay un segundo sentido de la paz sobre el que me gustaría que reflexionaran, que es la paz personal.

Ser una persona pacífica, cultivar esta paz personal, implica combatir la ansiedad. Y quiero decir algunas palabras sobre la ansiedad, porque es un peligro que acecha a las personas que tienen muchas responsabilidades, que están muy ocupadas, que tienen muchas cosas que hacer.

Y por lo tanto, es un peligro que nos acecha a los misioneros también; porque en nuestra vida siempre el tiempo es menos del que uno quisiera disponer. O sea que si vivimos bien nuestra entrega, no hay mucho tiempo para aburrirse.

Siempre hay libros que leer, personas que llamar, apostolados que organizar y gestionar, oraciones que hacer; siempre el tiempo es corto. Sería malísima señal ser un misionero que se aburre, que no sabe qué hacer. Creo que no les pasa eso a ustedes. A mí tampoco.

Pero sin duda la ansiedad es un peligro para las personas inquietas.

Me escribía un sacerdote, comentando esta Bienaventuranza:

"Quien va mejorando en los caminos del Espíritu, ya sea que esté consolado o desolado, tiene que custodiar la paz en su corazón... No permitir que nada se la robe... Hay que decirle al Señor cuando te acelerás: «Custodiame en la paz». Pienso que esa debe ser la «custodia del corazón» de la que hablan los Padres del desierto. Aunque estés combatiendo contra las tentaciones no dejes que nada te robe la paz dentro del alma.[263] De allí, pienso, que la Santa Misa luego del Pater Noster invoca con ese exorcismo la liberación de toda perturbación, y enseguida se ofrece la PAZ de Cristo".

Sobre la "ansiedad"

Googleé la palabra "ansiedad" y encontré esta definición: *Estado mental que se caracteriza por una gran inquietud, una intensa excitación y una extrema inseguridad.*

¡Cuán exacta es!

Inquietud, excitación, inseguridad...

Inquietud... Me siento a leer, pero estoy pensando en que tengo que organizar tal reunión; la quiero organizar, pero contesto un mail; rezo, pero en realidad estoy planificando la agenda mentalmente; planifico la agenda, y no puedo terminar porque ya arranco a hablar con la primera persona en la lista; hablo con esa persona y no la escucho: solamente le pongo la cara. Inquietud que no nos deja gozar de lo que hacemos, porque ya estamos pensando en lo que viene, en lo siguiente.

Excitación: Acelere. Hablar de más, correr de un lado al otro, estar desalineado, comer en exceso y devorando.

---

[263] *"Conquista la paz (con la ayuda del Señor) y mil a tu alrededor encontrarán la salvación".* San Serafín de Sarov. / *"El enemigo de nuestras almas buscará combatir en todas las formas el gozo espiritual induciéndonos a la TRISTEZA y la TURBACION"* (EE 329, San Ignacio).

Inseguridad: Propongo visualizar la imagen de un chico de tres años que está excitado; se pasó de rosca. Viene el padre, lo levanta, lo abraza fuerte y le murmura: "Shhh, tranquilo". El niño se relaja, está con su papá.

La ansiedad hunde su raíz en el temor a que algo salga mal y lo que le sigue a ese temor es la necesidad de ser confirmado. Por lo tanto ese miedo lleva a buscar el valor de la propia vida en los logros, en la hiperactividad, en la certeza de que uno vale porque está viviendo al extremo. Por eso muchas veces decimos cosas como *"estoy quemado, muerto, cansado, filtrado, estresado, liquidado"*... y otras frases que a veces apuntan a expresar ante los demás lo mucho que hacemos y corremos... También ellos nos devuelven eso... "Sé que no tenés un minuto... sé que tenés la agenda súper ocupada... con todo lo que vos hacés"... Y nuestro ego se gratifica.

Se puede comprender y tolerar o aceptar un poco de acelere... Estamos fundando una Sociedad. Compartimos este impulso fundacional. Tenemos que abrirnos paso, establecer casas, perfilar comunidades y programas, trabajar por las vocaciones, formarlas y cuidarlas; llegar a quienes están alejados de Dios y de la Iglesia y prepararles algo atractivo, jugoso. Todo esto lo hacemos generalmente con gusto, con esa pasión por el Reino que es bien evangélica.

A mí me da orgullo pertenecer a la Sociedad San Juan. Somos entregados, trabajadores, rectos, recios. Gestionamos muchas cosas, tenemos santas ambiciones, y un nivel de fe bien alto. Si fracasamos en un apostolado, lo intentamos por otro lado, hasta que salen bien las cosas. Y por eso hemos recibido el don de evangelizar.

Pero esa pasión por el Reino, si se va de cauce se convierte en ansiedad y degenera en mero activismo. Si se transforma en un vicio, luego es extremadamente difícil frenar y esa hiperactividad se vuelve en contra de lo que queremos lograr, que es anunciar la Buena Noticia del Reino con todos sus frutos, entre ellos la paz, la serenidad de sabernos amados por Cristo gratuita e incondicionalmente.

Dice el P. Raniero Cantalamessa:

"El esfuerzo para un renovado compromiso misionero está expuesto a dos peligros principales. Uno de ellos es la inercia, la pereza, no hacer nada y dejar que hagan todo los demás. El otro es lanzarse a un activismo humano febril y vacío, con el resultado de perder poco a poco el contacto con la fuente de la palabra y de su eficacia. Esto también sería una manera de abocarse al fracaso. **Cuanto mayor sea el volumen de la actividad, más debe aumentar el volumen de la oración**, en intensidad si no en cantidad. Se objeta: «Esto es absurdo; ¡el tiempo es el que es!» De acuerdo, pero el que ha multiplicado los panes, ¿no podrá también multiplicar el tiempo? Además, es lo que Dios hace continuamente y lo que experimentamos cada día. Después de rezar, se hacen las mismas cosas en menos de la mitad del tiempo. Entonces se dice: «Pero ¿cómo estar tranquilos rezando, cómo no correr, cuando la casa se está quemando?» Esto también es verdad. Pero imaginemos esta escena: un equipo de bomberos ha recibido una llamada de alarma y se precipita al lugar del incendio con las sirenas encendidas; pero, llegados a la escena, se dan cuenta de que no tienen ni una gota de agua en los tanques. Así somos nosotros cuando corremos a predicar sin orar. No es que falte la palabra; al contrario, mientras menos se reza más se habla, pero son palabras vacías, que no llegan a nadie".[264]

¿Qué hacer? ¿Qué podemos hacer en concreto para aprovechar bien el tiempo, entregar hasta lo último, pero sin correr en vano? Comparto con ustedes diez sugerencias que recogen muchas conversaciones que hemos tenido en distintas oportunidades, que van desde lo más espiritual hasta lo más práctico. Pueden tomarlas como un *decálogo para tener una mayor paz*:

---

[264] RANIERO CANTALAMESSA, Tercera predicación a la casa pontificia, Cuaresma 2016.

1. Alimentar la identidad profunda

La primera y más importante es alimentar la identidad profunda: "En Cristo soy hijo del Padre". Volver a esta verdad en la oración; especialmente cuando estamos ansiosos, acelerados, con miedo, des-confirmados, angustiados. Y hacerlo en tiempo real: en ese momento repetir, tomar conciencia y orar: "Soy hijo del Padre".

Retomo ahora la imagen que usé en una de las charlas; pienso que les puede servir. Yo aprendí esto en Villa Dolores, donde se utiliza el riego por canal. Así, desde el dique corren hacia los campos unos canales que van regándolos. Y eso se maneja por esclusas, que son puertas que se abren y se cierran. Entonces, siguiendo determinados horarios, se va dirigiendo el agua a un lado o a otro. Los dueños de las parcelas alquilan horarios para los canales; seguro que debe ser un poco más sofisticado el sistema; yo lo describo de manera muy básica.

Bueno, algo así pasa en nuestro corazón; nosotros tenemos una fuente –que Jesús compara con una fuente de agua viva[265]–, que es la presencia de Cristo en nosotros; manantial que salta hasta la vida eterna. Es un manantial de agua, como nos presenta esa imagen que describe el profeta Ezequiel:[266] el agua que sale del templo, que es Cristo en nosotros, y nos riega hasta llegar al mar, mientras va saneando nuestras riberas. Esa es la imagen de la Vida Nueva. Surge del corazón, porque en el corazón estamos unidos a Cristo y Él va impregnando la inteligencia, la voluntad, los sentimientos, los afectos e incluso el cuerpo.

Pero esa es una fuente; la otra fuente es el "hombre viejo" que también está. Hay dos diques: el dique de la presencia de Cristo en nosotros y el dique del hombre viejo, que tiene aguas servidas. A veces el agua que corre es el agua del hombre viejo, que va desbordando desordenadamente por algunos de nuestros canales.

---

[265] Cfr. Jn 7,38.
[266] Cfr. Ez 47,1-12.

Entonces, ¿qué hacer en tiempo real cuando nos damos cuenta?

Tenemos que cerrar una esclusa y abrir otra. Cuando tomamos conciencia de que nos domina el hombre viejo, que estamos des-confirmados, que sentimos miedo, desasosiego, angustia o ansiedad..., conviene primero tomar conciencia, parar un segundo, y abocarse a cerrar una esclusa y abrir otra.

Es decir, ir al corazón y decir: "Señor, ¡tú estás en mí! Ahora estoy un poco excitado, acelerado, tengo un ruido interior, pero quiero cerrar esa esclusa, que es la del hombre viejo, y abrir la tuya. Necesito *que tu humanidad surja en mí, que tu paz corra en mí; dame tu paz...*". Porque el Señor Jesús resucitado la prometió y la da: *"Les dejo mi paz y les doy mi paz"*.[267] *"Dame tu paz, soy un hijo del Padre": esa es nuestra verdad más profunda.* Nos tomamos un minuto para entrar en comunión con el corazón de Cristo, abrir esa puerta y dejar que el agua fluya y vaya impregnando nuestra humanidad en ese momento.

Podemos, por ejemplo, repetir palabras evangélicas, porque *esas palabras están cargadas del Espíritu Santo, traspasadas por el Espíritu Santo,* y acuden en nuestra ayuda. Yo últimamente estoy repitiendo mucho: "Servidor bueno y fiel".[268] Esa frase me ayuda; me gusta mucho rumiarla; porque creo que es una frase que el Señor nos dice a cada uno de nosotros. La palabra de Dios es como un susurro que vamos evocando interiormente hasta que el Espíritu Santo levanta esa repetición interior y la unge con su presencia. Y entonces nos damos cuenta de que verdaderamente es así. Busquemos pues alimentar nuestra identidad profunda.

"Tengo que rendir un examen". Bueno, cerrá los ojos unos minutos y regá el campo de tu humanidad con la presencia de Cristo en vos... Y así con todo lo que cada uno tiene que encarar.

---

[267] Jn 14,27.
[268] Mt 25,21.

Frená un minuto y dirigite hacia tu identidad profunda: eso te pone en paz de nuevo. ¿Quién sos vos? ¿Adónde vas? ¿Quién es tu padre? ¿Sos un huérfano o sos hijo de tu Padre? Alimentá tu fuente, dejá que corra por vos el Agua Viva... Quizás te lleve dos o tres minutos hacer esto, pero vas a ganar mucho porque vas a actuar en la paz de Dios.

Por otro lado, también es importante buscar esa confirmación en los superiores con humildad: "Dame una bendición, estoy un poco des-confirmado, acelerado".

Me acuerdo de una vez que tenía que dar una charla en la Fragua, en la Jornada del Espíritu Santo y me sentía des-confirmado, no por lo que tenía que decir, sino por el inglés. Me parecía que no iba a poder hacerlo bien. Había frente a mí ochenta chicos que me iban a escuchar y yo pensaba: "Me va a salir mal, me voy a trabar, no voy a poder".

Y todos sabemos cómo son los jóvenes: no te dan mucho margen. Como mucho, dos o tres minutos; si no los enganchaste en ese lapso, no te prestan más atención. Estaba el P. Ignacio y le dije: "Ignacio, estoy des-confirmado; dame una bendición porque necesito que me ayudes para predicar en inglés". Él me bendijo y eso me ayudó mucho. Hay que tener la sencillez de hacerlo. Y después prediqué bien, con serenidad.

Todos podemos enfrentar situaciones así; hace falta ser humilde.

Es inherente al ser humano vivir bajo la mirada de la autoridad.

Alguno de ustedes me ha dicho: "Bueno, yo no vivo bajo la mirada de Dios; me importa mucho lo que piense tal persona". O lo que piense el otro, o lo que piense quien fuere; cualquier superior o cualquier persona que tenga cierta autoridad... "me importa".

Pienso que no hay nada malo en eso, en que te importe; creo que es natural e incluso que es bueno. A un soldado le importa lo que piense su general; y a un jugador le importa lo que piense el director técnico. Hay algo puro en eso; a un niño, lo que piensen su padre o su madre le importa, porque los quiere, porque constituyen una autoridad real.

Entonces, vos no podés pretender vivir en la filiación de Dios –mediada por una autoridad humana– y que no te importe nada. Evidentemente si vos no querés que te importe nada, es mejor que vivas solo. Pero si vivís en comunidad, por supuesto que te va a importar lo que piensen las personas que tienen autoridad sobre vos. Creo que eso hay que aceptarlo como algo obvio.

Ahora: este hecho no tiene la última palabra. Detrás de todo eso, veo que está la presencia de Dios, que es quien les da sentido a todas esas autoridades, que son mediaciones. Es importante reflexionar desde el lugar de hijo de Dios: "Soy un hijo de Dios y veo el vínculo que existe entre Él y la persona que tiene autoridad humana sobre mí. Veo con claridad de dónde surge esa autoridad". ¿Comprenden?

Esa pretensión de que no me importe lo que piense la autoridad es una racionalización y no me parece constructiva. Los seres humanos estamos vinculados unos con otros y nos influenciamos; así es la vida, así nos hizo Dios. En el mundo la gente también tiene ante quién rendir cuentas. Sin embargo, hay una instancia última en la cual está Dios.

Entonces, es fundamental que trabajemos esa identidad: "Soy un hijo de Dios"; "Soy un misionero"; "Soy un miembro de la Sociedad San Juan, no estoy solo en esto".

¿Cuál es mi identidad profunda y consistente? Soy el hijo predilecto del Padre en Cristo Jesús. Soy su misionero. Entro en su cuerpo y en su sangre cada día.

"Padre, aquí estoy, trabajando como un burro, lo mejor que puedo: tú lo sabes. Aquí estoy, con mil debilidades también, pero con mi corazón que es tuyo: tú lo sabes. Dime, Padre, esas palabras que necesito escuchar… No valgo por lo que hago sino porque soy tu hijo. Tú no necesitas mi trabajo sino que me haces partícipe de tu plan salvador para el mundo, por puro amor predilecto. Tú llevarás adelante tu obra aunque yo fracase. Así que te doy lo que tengo y me quedo en paz. ¡No busco mi gloria sino tu gloria, Señor! No a nosotros sino a tu Nombre dale la gloria, Padre".

Recuerdo el texto de Newman:

"Tengo mi misión; soy un eslabón en una cadena, un vínculo de unión entre personas. Dios no me ha creado para la nada. Haré el bien, haré Su trabajo; seré un ángel de paz, un predicador de la Verdad en el lugar que me es propio".[269]

Dios sabe quién soy. Él nunca sale derrotado; tengo que entregarle mi confianza.

2. Estar en lo que hago

¡Es un antiguo consejo espiritual!

Para eso hay que ser ascéticamente decididos. El otro día estaba en el retiro de San Juan Diego de mujeres, acompañando a 118 exactamente. Como en todos lados, había wi-fi. Al comenzar me enfrenté a una opción: podía entrar de lleno en el retiro, presenciar las charlas, imbuirme del espíritu del retiro, escuchar los testimonios, orar, interceder, luego confesar, predicar, etcétera, o podía escaparme con mi computadora a contestar mails, a trabajar temas atrasados, y aparecer como un cucú a dar mi charla, confesar en el momento indicado, y celebrar la misa.

Este segundo escenario era tentador, porque se presentaba además como afectivamente menos demandante, espiritualmente menos batallador y físicamente más relajado. Pero luego de pensarlo dos minutos, me zambullí de cabeza al retiro. Fue una gracia. No solamente pude *estar* en el retiro, sino que pude aconsejar mejor. Al predicar pude saber a quién le estaba hablando, poner más el corazón, salir del manual y hablar con carne y sangre. También pude *disfrutar* del fin de semana. Vi la gloria de Dios actuando en la vida de aquellas mujeres. Ter-

---

[269] JOHN HENRY NEWMAN, *Meditaciones y devociones*, Agape Libros, Buenos Aires, 2011, p. 225.

miné lleno de alegría, cansado pero renovado en el espíritu...
con gran unidad en el corazón, sin necesidad de reponerme
mucho. Bastó dormir un día un poco más para seguir adelante. Es decir que estar en lo que hago, ¡es un buen negocio!

Al comenzar algo siempre se abren dos puertas: o estoy
todo entero en aquello que emprendo y que encaro, o está solamente mi persona *invernada*... Lo primero es más cansador,
pero me hace ser Jesús, gozar. Lo segundo me vuelve un fun-
cionario del culto, tan criticado por el Papa Francisco.

Él mismo escribe:

"Estamos hablando de una actitud del corazón, que
vive todo con serena atención, que sabe estar plenamente presente ante alguien sin estar pensando en lo que
viene después, que se entrega a cada momento como
don divino que debe ser plenamente vivido. Jesús nos
enseñaba esta actitud cuando nos invitaba a mirar los
lirios del campo y las aves del cielo, o cuando, ante la
presencia de un hombre inquieto, «detuvo en él su mirada, y lo amó» (Mc 10,21). Él sí que estaba plenamente
presente ante cada ser humano y ante cada criatura, y
así nos mostró un camino para superar la ansiedad en-
fermiza que nos vuelve superficiales, agresivos y con-
sumistas desenfrenados".[270]

Esto se aplica al estudio, la dirección espiritual, una reunión de equipo... o limpiar el baño. Estar de corazón en lo que
hago y hacer lo que tengo que hacer, guiado por un horario
que sea inspirado en lo que Dios quiere de mí. Sobre esto pro-
fundizaré más adelante.

3. Preguntarme: ¿hay algo de lo que me estoy escapando?

Muchas veces la ansiedad se da por no enfrentar un tema
con claridad. Supongamos que hay algo que me preocupa:

---

[270] Francisco, *Laudato Si'*, nro. 226.

puede ser una obligación pendiente, una decisión que tengo que tomar, una persona que no está bien, un examen.

Respecto de esto, hace poco escuché un consejo que puede ayudar, y que consiste en destinar un tiempo y un espacio acotados –por ejemplo, media hora en la capilla o en mi escritorio– para *preocuparme* por tal tema. Por ejemplo: si tengo que tomar una decisión, entonces defino que lo haré el jueves, luego de pensar media hora al respecto en la capilla. Pero hasta entonces trataré de no tenerlo constantemente en mi cabeza, porque ¡la vida continúa!

También puede ser que me esté escapando de alguna pregunta personal, de tener que enfrentarme con algo que vengo escondiendo bajo la alfombra hace tiempo. Suprimir las preguntas no es constructivo ni brinda paz. Enfrentarlas y responderlas, sí. No encarar los temas, postergarlos para más para adelante –pero no como una decisión libre sino como una huida– no solamente genera ansiedad sino que puede llevar a evasiones muy destructivas.

Puedo también estar escapándome de mi tibieza espiritual, del no crecer. Corro porque ya no encuentro gusto en estar con el Señor; no veo perspectivas de crecimiento; es como una relación estancada, rutinaria. O no puedo disfrutar de leer algún libro espiritual ni del silencio. Y todo bajo el engañoso manto de estar muy ocupado, muy atareado.

4. Cultivar la amistad

La amistad verdadera es fuente de serenidad, porque es gratuita. La gratuidad serena la ansiedad. Recuerdo que el P. Vallés contaba que cuando le dieron un importante premio literario por uno de sus libros, su ansiedad comenzó a crecer. Era un libro sobre la paz espiritual, pero la fama, las editoriales que se ofrecían para el próximo libro, las invitaciones a conferencias… lo llenaban de ansiedad.

Con el siguiente libro, más éxito y más ansiedad. Y así entró en un círculo del que no podía salir. Turbado y abatido fue a hablar con otro jesuita de quien era muy amigo desde la época del seminario. Este jesuita, luego de escucharlo amablemente, le dijo: "Por mí no te preocupes... yo nunca leo tus libros". Es decir: somos amigos no por tus logros, no por tu fama ni por tus libros. Sino que somos amigos y punto. Una amistad gratuita, en la cual apoyarse.

5. *Tener un* horario *inspirado en esta misión*

Un horario que sea realista, que esté inspirado en lo que somos y lo que queremos ser. Si en tu agenda diaria figura como algo fijo que vas a salir a correr todos los días una hora... bueno, es un poco extravagante porque no te estás preparando para ser maratonista sino sacerdote. *Tu horario tiene que estar de acuerdo con tu identidad; tiene que reflejar lo que sos, lo que querés ser y lo que Dios te está llamando a ser.* Un horario ayuda mucho, sin duda. E implica una ascética del no y una ascética del sí: saber decir sí y saber decir no de acuerdo a lo que creamos que tenemos que hacer.

6. *Confirmar el horario con quien tiene autoridad*

Chequearlo con el rector: "¿Qué te parece? ¿Estás de acuerdo con estas prioridades?" Necesitamos el apoyo y la confirmación de los superiores. No hemos venido a hacer nuestra real gana sino lo que Dios quiere para cada uno. No hemos venido a ser servidos sino a servir. Todos deseamos eso. Por lo tanto es importante –para tener la bendición de Dios y para tener la paz del que responde a otro– que el rector vea el horario, lo bendiga y lo apoye. Luego, ser fiel a eso. Sostenerlo. Puede ayudar en este sentido la frase evangélica: *"Que tu sí sea sí. Que tu no sea no".*[271]

La obediencia es fundamental en nuestro camino. Los superiores tienen la gracia de ayudar a discernir los caminos de Dios... de sacarnos de la gratificación para pasar a la glorificación de Dios con nuestras acciones. Saber decir que no, saber cortar, saber priorizar; de allí la humildad necesaria para consultar y pedir luz. De la obediencia y la humildad nace la paz.

---

[271] Mt 5,37.

7. Dar lugar a los imprevistos

Por otro lado, es verdad que por más fieles que queramos ser, es necesario darle lugar a los imprevistos.

No podemos tener la expectativa de apoyarnos en nuestro horario tal como lo hace un monje, cuya rutina se repite con exactitud todas las semanas. Es necesario tener el horario, pero saber que debe existir una flexibilidad dinámica. ¡Es el horario de un misionero!

Las cosas que se nos presentan y que tenemos que atender también vienen de Dios, y por eso las aceptamos con paz. Si quiero hacer lo que Dios me pide, no hay problema. Es necesario un discernimiento veloz, en tiempo real. Esto que sucede, que se me presenta, ¿es una mera distracción, fruto de mi ansiedad interior o de una circunstancia que puede esperar? ¿O realmente tengo que dejar lo que estoy haciendo o pensaba hacer, y enfrascarme en este imprevisto?

Conviene parar dos minutos. Respirar profundo, ponerse en comunión con el corazón de Cristo, y discernir. Son dos minutos valiosos, que nos permitirán hacer lo mejor, de la mejor manera. Luego, si es posible, recuperar el tiempo de lo que es prioritario, restándoselo a lo que es secundario. Si no es posible... santa paz. ¡La próxima semana será mejor! Lo que no se pueda hacer, no se hará. Si Dios no lo quiere, pues yo tampoco. Él es el que está a cargo.

8. Tener ritmos diarios, semanales, mensuales, anuales

A veces lo que no pudo hacerse dentro de la semana, puede realizarse dentro del ritmo mensual. Conviene mirar más al horizonte, no sólo al día a día.

9. Descansar. Dormir lo necesario

Dormir habitualmente poco provoca acelere, como si el cuerpo tuviera que andar a marcha forzada, y eso quita el punto espiritual. Hoy en día se conoce perfectamente el valor del descanso, de la armonía cuerpo–alma–espíritu, de la serenidad y el silencio interior.

Es decir: no damos testimonio de espiritualidad ni demostramos estar movidos por el Espíritu Santo si estamos agotados o estresados o acelerados. No es un testimonio atractivo ni luminoso.

Todas las personas que irradian paternidad poseen cierta serenidad de ánimo, que no se puede lograr si no se descansa lo suficiente. De más está decir que combatimos la pereza, pero no creo que eso sea un peligro por ahora para nosotros.

10. Hacer deporte

Aunque estemos cansados. Es una inversión de tiempo y de energía que redunda en un mayor bienestar físico y anímico. Es como afilar el hacha: hay que parar un rato para hacerlo, pero después corta mejor, más eficazmente.

Ayuda mucho salir a trotar. Es un deporte gratificante que se puede hacer en cualquier rato libre... En una hora es posible salir y estar de vuelta, bañado y haciendo otra cosa. Se puede correr escuchando música cristiana o simplemente en silencio. Se puede correr en cualquier lado donde uno esté. Creo que la clave es sostener esta actividad hasta aprender a disfrutarla. Como sucede con todo arte.

Comer sano también ayuda. Más allá del ayuno, conviene evitar los alimentos pesados, que nos dejan soñolientos y densos para el espíritu. Esto ya lo sabían los monjes, por eso la ascética constituye una parte fundamental de la tradición cristiana.

Abrazamos una vida exigente. "Santidad, no paz", decía Newman. Creo que es importante aceptar que un poco de estrés es la sal de la vida. Venimos a la Sociedad San Juan para entregarnos, para vivir "casi devorados" por el Reino.

De manera que estas palabras no pretenden alentar un espíritu individualista, centrado en el propio bienestar psico-emocional... sino maximizar los recursos para desplegar una mejor evangelización. Es fidelidad a la verdad: a la verdad de Dios y de mí mismo, de la vocación, del don de la gracia.

Decía San Francisco de Sales en la "Vida Devota":

> "Similarmente, cuando estamos preocupados y cansados (ansiosos) perdemos nuestro poder de mantener la virtud que hemos adquirido. También perdemos los medios para resistir las tentaciones del enemigo quien entonces hace todo el esfuerzo por pescar, como se dice, en aguas agitadas".

Y también:

> "La ansiedad es lo más funesto que nos puede acontecer, con excepción del pecado".[272]

Es evidente que habrá que dormir poco alguna noche, ayunar, exigir al cuerpo y al espíritu como hacía Jesús, que se olvidaba de comer para atender a la gente. Pero también buscaba los tiempos para orar o para subirse a la barca con sus discípulos y navegar mar adentro. ¡Si hasta los Papas descansan!

No se trata de un descanso evasivo ni desvinculado de la misión, sino que es el descanso del guerrero, que se repone de una batalla para enfrentar la siguiente.

Y al resucitar, el don más preciado que nos regala Cristo es la paz. *"¡La paz esté con ustedes!"*.[273]

San Pablo testimonia que por Cristo pasó *"... cansancio y hastío, muchas noches en vela, hambre y sed, frecuentes ayunos... y dejando de lado estas cosas, está mi preocupación cotidiana: el cuidado de todas las Iglesias"*.[274] También nosotros tenemos que estar dispuestos a atravesar esas y otras dificultades para que la Buena Noticia llegue a todos cuantos Cristo nos conceda alcanzar.

---

[272] Recomiendo leer el capítulo sobre la inquietud, y sobre la tristeza. Capítulos 11 y 12 de la cuarta parte de la *Introducción a la Vida Devota*.
[273] 20,19.
[274] 2 Cor 11,27-28.

También escribe Pablo: *"Alégrense siempre en el Señor; no se angustien por nada; recurran a la súplica... Entonces la paz de Dios, que supera todo lo que podemos pensar, tomará bajo su cuidado los corazones y los pensamientos de ustedes en Cristo Jesús"*.[275]

• Ejercicio

Los invito entonces a orar con estos tres temas presentes:

1. El primero es la paz fraterna: oremos para ser personas de paz hacia la comunidad; para ser factores de paz. No nos referimos solamente a ser pacíficos sino a promover la unidad, la amistad, la reconciliación. Es importante que sepamos ponderar a los demás, expresar una palabra que distienda y diluya la tensión; decir un chiste en el momento oportuno. Pidámosle a Jesús no ser conflictivos sino pacificadores. Y miremos a Cristo que nos dice: "Felices los que trabajan por la paz".

2. Segundo: renovar el deseo de estudiar, de formarnos para tener prudencia y ductilidad.

3. Y lo tercero es sobre la paz personal y la ansiedad: oremos para renovar nuestra identidad profunda y *dejar que el agua de la presencia de Cristo en nosotros corra, para tener esa paz de Dios.*

---

[275] Filip 4,4-7.

FELICES LOS QUE SON PERSEGUIDOS

El gozo en la persecución

Dice esta Bienaventuranza: *"Felices los perseguidos por practicar la justicia porque a ellos les pertenece el Reino de los Cielos"*.[276]

Es interesante que especifica que son perseguidos *por practicar la justicia*: no son perseguidos por intemperancia o por estupidez; por ser rígidos inútilmente o por ser malhumorados o injustos; ni por ser mediocres, torpes, imprudentes ni tantas otras cosas posibles... sino por la justicia.

Por eso dice el apóstol Pedro en su primera carta: *"Queridos míos, no se extrañen de la violencia que se ha desatado contra ustedes para ponerlos a prueba, como si les sucediera algo extraordinario"*.[277] Es decir: que no les parezca raro; no es algo extraordinario. Por eso luego insiste: *"Alégrense en la medida en que puedan compartir los sufrimientos de Cristo. Así, cuando se manifieste su gloria, ustedes también desbordarán de gozo y de alegría. Felices si son ultrajados por el nombre de Cristo, porque el Espíritu de gloria, el Espíritu de Dios, reposa sobre ustedes"*.[278]

Después aclara: *"Que nadie tenga que sufrir como asesino, ladrón, malhechor o delator. Pero si sufre por ser cristiano, que no se avergüence y glorifique a Dios por llevar ese nombre"*.[279]

Pienso que *cuando alguien te persigue, cuando sufrís una incomprensión, ya sea personal o institucional, es una actitud*

---

[276] Mt 5,10.
[277] 1 Pe 4,12.
[278] 1 Pe 4,13-14.
[279] 1 Pe 4,15-16.

sana no descartar del todo que esa persona o esa institución tengan algo de razón.

Conviene primero hacer una autocrítica: "A ver... ¿no habré estado yo intemperante, mediocre, o lo que sea de lo que se me acusa?".

No es constructivo ponerse tan rápidamente en el lugar de víctima. En mi experiencia, cuando hay críticas e incomprensiones suele haber algo –en ocasiones mucho– de razón en ellas. Es bueno escuchar primero con humildad y llegado el caso, corregirse. Si no, es muy fácil polarizar las cosas y ponerse uno en el lugar del bueno perseguido y a los demás colocarlos en el de los malos perseguidores.

Pero usualmente las cosas no son tan simples, y todos tenemos orgullo, amor propio, errores y también pecados. Por eso lo primero es escuchar, considerar, orar y corregir. Si después de este ejercicio uno encuentra delante de Dios que se trata de una crítica injusta o desproporcionada... bueno, alegrarse y regocijarse. Porque ya estaba escrito que así iba a ser.

Jesús anuncia las persecuciones y exhorta a perseverar

Sin embargo, Jesús había anunciado muchas veces la posibilidad de ser perseguidos: *"Estén atentos: los entregarán a los tribunales y los azotarán en las sinagogas, y por mi causa serán llevados ante gobernadores y reyes para dar testimonio delante de ellos. Pero antes, la Buena Noticia será proclamada a todas las naciones. Cuando los entreguen, no se preocupen por lo que van a decir: digan lo que se les enseñe en ese momento, porque no serán ustedes los que hablarán, sino el Espíritu Santo. El hermano entregará a su hermano para que sea condenado a muerte, y el padre a su hijo; los hijos se rebelarán contra sus padres y los matarán. Serán odiados por todos a causa de mi Nombre, pero el que persevere hasta el fin, se salvará".*[280]

Palabras fuertes, ¿no?

---

[280] Mc 13,9-13.

El otro día leí un comentario del Mons. Robert Barron, Obispo Auxiliar de Los Angeles, sobre un fallo de la Corte Suprema de Estados Unidos sobre el derecho constitucional al matrimonio igualitario homosexual.

Sin entrar ahora en el tema, el punto es que –según Mons. Barron– se trataría en Estados Unidos de un derecho constitucional, con lo cual cualquier objetor de conciencia a ese derecho, ya sea un juez o un colegio o una madre que da en adopción a su hijo y quiere que el matrimonio adoptante sea una pareja heterosexual, podría ser perseguido por estar en contra de un derecho constitucional, y por lo mismo ser tildado de fanático o estrecho o discriminador. No es difícil prever que pueda haber cierta persecución hacia los cristianos por parte de una cultura relativista y secularizada.

En todo caso, Jesús ya lo había predicho. Sucedió a lo largo de los veinte siglos de la historia del cristianismo, y específicamente en el siglo XX, que es el siglo con más mártires de la historia.[281] Así que hay que estar de alguna manera dispuesto a eso. Y en pleno siglo XXI, estamos viendo el testimonio de los mártires de Medio Oriente, perseguidos por el ISIS.[282]

---

[281] Como ejemplo baste esta cita: "Las cifras de España son enormes, pero palidecen ante las que conocemos de otros lugares, sobre todo de Rusia. En España fueron 12 obispos los que fueron asesinados por ser obispos. En Rusia fueron 250 obispos ortodoxos, obispos en la sucesión apostólica. Si en España fueron unos 7.000 los sacerdotes, religiosos y religiosas asesinados por su condición de tales, en Rusia las cifras son verdaderamente escalofriantes: 200.000 miembros del clero y del monacato (obispos, sacerdotes, monjes, diáconos y religiosas) fueron asesinados entre 1917 y 1980. Y solo entre 1937 y 1938 fueron arrestados en Rusia 165.100 sacerdotes ortodoxos de los que fueron fusilados 105.000. Las cifras se encuentran en un libro precioso de Andrea Riccardi que se titula precisamente *El siglo de los mártires*, publicado en Barcelona en 2001." Juan Antonio Martínez Camino, Obispo Auxiliar de Madrid, ponencia oral durante las jornadas "Diálogos de Teología 2014", Facultad de Teología de Valencia.

[282] Dijo el Papa Francisco, al respecto de los cristianos degollados por el ISIS en Libia: *"Ofrecemos esta Misa por nuestros 21 hermanos coptos, degollados solamente por el hecho de ser cristianos. Recemos por ellos, para*

No se trata de pelear batallas que no nos tocan a diario ni de imaginar posibles futuros martirios. Pero hay tantos ejemplos, que es bueno tomar conciencia del heroísmo en la fe de muchos cristianos también hoy. Dos de ellos son el cardenal Stepinac, que estuvo cinco años preso en Yugoslavia, y el cardenal Van Thuan, que pasó trece años en la cárcel, de los cuales nueve fueron de aislamiento.

Existiendo tantos ejemplos de gente heroica que ha sabido sufrir persecuciones durante años, uno tiene que pensar: "Si alguna vez me toca enfrentar algo así, sé que Dios me ayudará".

Pero no puedo quitar totalmente del horizonte la posibilidad de dar testimonio de Cristo hasta la persecución o el martirio.

Seguir a Cristo
es estar dispuesto a sufrir persecuciones

Sin llegar a semejantes extremos, existen otros tipos de persecuciones más sutiles y quizás más cercanas a nuestra experiencia. Es lo que algunos llaman la "persecución de los buenos": la persecución puertas adentro de la Iglesia, que también puede darse. Es una cierta incomprensión o una tenaz oposición. Personas que piensan que cumplen con su deber al criticarte, al perseguirte, al ponerte complicaciones. Y eso pasa porque Dios lo permite de algún modo.

Es propio de las fundaciones nuevas estar dispuestas a enfrentar estas pruebas. Nosotros hemos comenzado hace poco nuestra actividad en cierta Diócesis y gracias a Dios las cosas van muy bien; el Obispo y los sacerdotes nos recibieron

---

que el Señor los acoja como mártires, por sus familias y por mi hermano Tawadros que sufre tanto". Los 21 mártires murieron pronunciando por última vez las palabras "Señor Jesucristo", sellando así su martirio y su confianza en la victoria de Jesucristo.

con mucha alegría, y la gente también. ¡Bendito sea Cristo que nos ayuda!

Pero también podría pasar que algún sacerdote nos criticara, que otro no estuviera de acuerdo con nuestro modo de encarar la evangelización; o que pensara que no deberíamos tener tanto apoyo del Obispo porque somos un grupo nuevo que está llegando de afuera... Me parece que al comenzar, tenés que estar dispuesto a que a alguien le caiga mal lo que hacés o cómo lo hacés; a que no lo entienda, a que lo critique.

Hay que saber que es posible que suceda y hacer todo lo necesario para evitarlo: cultivar las buenas relaciones, participar en todas las reuniones, ser prudentes; nadie en la Iglesia quiso la persecución; nunca nadie la buscó. Hay que tratar de evitar las persecuciones; pero si llegan, afrontarlas con fe, después de descartar los propios errores, como dije antes.

A ustedes, Dios mediante, les tocará esa misma situación: abrir una casa, estar en un lugar nuevo, tener que empezar. Bueno, creo que eso va a hacer que tengan que enfrentarse con alguna hostilidad.

El único modo de que nadie te persiga es que no hagas nada. Si no te va bien, si la gente no responde a tus convocatorias o tus invitaciones, si tus apostolados fracasan, si no surgen nuevas vocaciones, si nadie te ayuda económicamente, si a los retiros no va la gente, si las personas no se convierten, vas a suscitar más lástima que persecución.

Pero si te va bien, si la gente se convierte, si te ayudan económicamente, si surgen vocaciones, si los resultados de tu acción misionera son visibles... mucha gente te va a apoyar y otra te va a criticar. Hay que estar dispuesto a afrontar el conflicto, llegado el caso. *Si tu valor primordial es no tener conflictos... pues hay muchas cosas que nunca sucederán. Como sabemos, evitar el conflicto jamás fue un valor primordial para Jesús.*

Los invito a vivir estos temas con espíritu de fe y a prepararse, a ajustarse el cinturón. Porque no se puede seguir a Cristo si uno no está dispuesto a cierta incomprensión y a cierta persecución.

223

Algunos en la Iglesia te critican o se te oponen, y así te santifican en la providencia de Dios; pero esa misma Iglesia ¡también te bendice y te posibilita nuevos horizontes!

Es por la Iglesia que estamos en Uruguay, que estamos en Estados Unidos, que estamos en Italia, que estamos en todos lados. La Iglesia es la que te brinda la estructura, la que te ayuda, la que te conecta. Es por la autoridad de la Iglesia que te envía, que llegás a un lugar y comenzás a trabajar. Y la gente confía porque sos un misionero, es decir, un enviado; pero cada tanto, te sacude para que recuerdes con humildad quién sos. En la providencia de Dios todo es bueno para el bien de los cristianos,[283] si lo asumimos con fe.

También puede haber alguna incomprensión más bien doméstica. Siempre cuento esta historia del P. Flavio.

Cierta vez, todavía en el Seminario, cuando estábamos volviendo de trabajar con las abejas, un sacerdote le llamó la atención por haber cortado una planta fuera de época. Yo estaba al lado de él, que no dijo una palabra. Después que el sacerdote se hubo ido, le pregunté a Flavio por qué había cortado la planta fuera de tiempo. Asombrado, escuché que no había sido él quien la había cortado. "¿Y por qué no le dijiste que no habías sido vos?", le pregunté. "¿Para qué me voy a defender?" fue su respuesta. "Alguien cortó la planta; así que el sacerdote tenía razón. Me lo dijo a mí y punto. ¿Qué problema hay? ¿Para qué me voy a defender en algo que no es tan importante? Tiene razón el padre: se enojó porque cortaron la planta. La cortó otro seminarista, me retó a mí. Buenísimo, problema solucionado".

Siempre recuerdo eso porque no es tan fácil aceptar una corrección cuando vos no sos el que cometió la falta, ¿no? Y más difícil aún es hacerlo con humildad y con alegría. Pero entrenarte en esto te ayuda a comprender un poco más lo

---

[283] "Sabemos, además, que Dios dispone todas las cosas para el bien de los que lo aman, de aquellos que él llamó según su designio" (Rom 8,28).

que significó para Jesús tomar nuestro lugar. El inocente por los culpables.

Bueno, pienso que si de vez en cuando sufrís alguna incomprensión o alguna injusticia en la vida común, si alguien pensó algo de vos y no era así... bueno, no hace falta que salgas a defender tu honor y tu nombre a capa y espada. Alguna vez puede ser que sí sea necesario, pero muchas veces no lo es.[284] En ocasiones ese ejercicio de callar puede ayudarte a crecer en la humildad. Esto también resulta útil en la vida familiar.

• Ejercicio

Los animo en esta última meditación a decirle al Señor:

1. "Señor, si tengo que enfrentar alguna persecución, alguna injusticia, alguna dificultad... contá conmigo, mientras sea por practicar la justicia. Y si no es por practicar la justicia y es por culpa mía, ayudáme a arrepentirme, a cambiar y a ser más prudente la próxima vez".

2. En segundo lugar los animo a leer y orar sobre esta página célebre de las *Florecillas* de San Francisco de Asís:

"Iba una vez San Francisco con el hermano León de Perusa a Santa María de los Ángeles, en tiempo de invierno. Sintiéndose atormentado por la intensidad del frío, llamó al hermano León, que caminaba un poco delante, y le habló así: «¡Oh hermano León!: aun cuando los hermanos menores dieran en todo el mundo grande ejemplo de santidad y de buena edificación, escribe y toma nota diligentemente que no está en eso la alegría

[284] Le dijo Jesús a Santa Faustina: *"Procura que tu corazón se asemeje a Mi Corazón manso y humilde. No reclames nunca tus derechos. Soporta con gran calma y paciencia todo lo que te pase; no te defiendas cuando la vergüenza recaiga sobre ti injustamente; deja que triunfen los demás (...) cuando sea necesario Yo Mismo intervendré en favor de ti".* Diario, nro. 1701.

perfecta». Siguiendo más adelante, le llamó San Francisco por segunda vez: «¡Oh hermano León!: aunque el hermano menor devuelva la vista a los ciegos, enderece a los tullidos, expulse a los demonios, haga oír a los sordos, andar a los cojos, hablar a los mudos y, lo que aún es más, resucite a un muerto de cuatro días, escribe que no está en eso la alegría perfecta». Caminando luego un poco más, San Francisco gritó con fuerza: «¡Oh hermano León!: aunque el hermano menor llegara a saber todas las lenguas, y todas las ciencias, y todas las Escrituras, hasta poder profetizar y revelar no sólo las cosas futuras, sino aun los secretos de las conciencias y de las almas, escribe que no es esa la alegría perfecta». Yendo un poco más adelante, San Francisco volvió a llamarle fuerte: «¡Oh hermano León, ovejuela de Dios!: aunque el hermano menor hablara la lengua de los ángeles, y conociera el curso de las estrellas y las virtudes de las hierbas, y le fueran descubiertos todos los tesoros de la tierra, y conociera todas las propiedades de las aves y de los peces y de todos los animales, y de los hombres, y de los árboles, y de las piedras, y de las raíces, y de las aguas, escribe que no está en eso la alegría perfecta». Y, caminando todavía otro poco, San Francisco gritó fuerte: «¡Oh hermano León!: aunque el hermano menor supiera predicar tan bien que llegase a convertir a todos los infieles a la fe de Jesucristo, escribe que ésa no es la alegría perfecta».

Así fue continuando por espacio de dos millas. Por fin, el hermano León, lleno de asombro, le preguntó: «Padre, te pido, de parte de Dios, que me digas en que está la alegría perfecta».

Y San Francisco le respondió:

«Si cuando lleguemos a Santa María de los Ángeles, mojados como estamos por la lluvia y pasmados de frío, cubiertos de lodo y desfallecidos de hambre, llamamos a la puerta del lugar y llega malhumorado el portero y grita: '¿Quiénes sois vosotros?' Y nosotros le decimos: 'Somos dos de vuestros hermanos'. Y él dice: '¡Mentira! Sois dos bribones que vais engañando al mundo y robando las limosnas de los pobres. ¡Fuera de aquí!' Y no nos abre y nos tiene allí fuera aguantando la nieve y la lluvia, el frío y el hambre hasta la noche. Si sabemos soportar con paciencia, sin alterarnos y sin murmurar contra él, todas esas injurias, esa crueldad y ese rechazo, y si, más bien pensamos, con humildad y caridad, que el portero nos conoce bien y que es Dios quien le hace hablar así contra nosotros, escribe ¡oh hermano León! que aquí hay alegría perfecta. Y si nosotros seguimos llamando, y él sale fuera furioso y nos echa entre insultos y golpes, como a indeseables importunos, diciendo: '¡Fuera de aquí, ladronzuelos miserables; id al hospital, porque aquí no hay comida ni hospedaje para vosotros!'. Si lo sobrellevamos con paciencia y alegría y en buena caridad, ¡oh hermano León!, escribe que aquí hay alegría perfecta. Y si nosotros, obligados por el hambre y el frío de la noche, volvemos todavía a llamar, gritando y suplicando entre llantos por el amor de Dios, que nos abra y nos permita entrar, y él más enfurecido dice: '¡Vaya con estos pesados indeseables! Yo les voy a dar su merecido'. Y sale fuera con un palo nudoso y nos coge por el capucho, y nos tira a tierra, y nos arrastra por la nieve, y nos apalea con todos los nudos de aquel palo; si todo esto lo soportamos con paciencia y con gozo, acordándonos de los padecimientos de Cristo bendito, que nosotros hemos de sobrellevar por su amor, ¡oh hermano León!, escribe que aquí hay alegría perfecta. **Y ahora escucha la conclusión, hermano León: por encima de todas las gracias y de todos los dones del Espíritu Santo que Cristo concede a sus amigos, está el de vencerse a sí mismo y de sobrellevar gustosamente, por amor de Cristo Jesús, penas, injurias, oprobios e incomodidades.** Porque en todos los demás dones de Dios no podemos gloriarnos, ya que no son nuestros, sino de Dios; por eso dice el Apóstol: '**¿Qué tienes que no hayas recibido de Dios? Y si lo has recibido de Él, ¿por qué te glorías como si lo tuvieras de ti mismo?**' Pero en la cruz de la tribulación y de la aflicción podemos gloriarnos, ya que esto es nuestro; por lo cual dice el Apóstol: '**No me quiero gloriar sino en la cruz de Cristo. A él sea siempre loor y gloria por los siglos de los siglos. Amén'**".

3. Por último, considerar las Letanías de la Humildad del cardenal Merry del Val, que son muy sabias y sanadoras. Cuando yo las leí por primera vez tenía 21 años; y me gustaron tanto que las pegué en la Biblia. Desde ese día las conservo pegadas allí porque quería tenerlas siempre presentes, para poder ser así: libre de mí mismo.

Jesús, bueno y humilde de corazón: escúchame.

(En cada una se responde "líbrame, Jesús").

Del deseo de ser estimado,

Del deseo de ser amado,

Del deseo de ser exaltado,

Del deseo de ser honrado,

Del deseo de ser alabado,

Del deseo de ser preferido a los demás,

Del deseo de ser consultado,

Del deseo de ser aprobado,

Del temor de ser humillado,

Del temor de ser despreciado,

Del temor de ser rechazado,

Del temor de ser calumniado,

Del temor de ser olvidado,

Del temor de ser ridiculizado,

Del temor de ser injuriado,

Del temor de ser sospechado.

Que los otros sean más amados que yo: Jesús, dame la gracia de desearlo.

Que los otros sean más estimados que yo: Jesús, dame la gracia de desearlo.

Que los otros puedan crecer en la opinión del mundo y yo disminuir: Jesús, dame la gracia de desearlo.

Que los otros puedan ser elegidos y yo hecho a un lado: Jesús, dame la gracia de desearlo.

Que los otros puedan ser en todo preferidos a mí: Jesús, dame la gracia de desearlo.

Que los otros puedan santificarse más que yo, con tal que yo me santifique todo lo que pueda: Jesús, dame la gracia de desearlo.

Fíjense: "Del temor de ser humillado, líbrame Jesús; del temor de ser despreciado, líbrame Jesús; del temor de ser rechazado, líbrame Jesús; del temor de ser calumniado, olvidado, ridiculizado, injuriado o sospechado...". Son todas persecuciones, ¿no?

"Líbrame de ese temor, Señor. Que no deje de hacer el bien que tengo que hacer para evitar esas situaciones. Que pueda vivir de cara al Padre, de cara a la misión que me encomendaste, con la prudencia del caso y la astucia de los hijos de la luz".

Conclusión

FELICES LOS QUE CREEN SIN HABER VISTO

El Evangelio es atravesado por Bienaventuranzas

Hay otras Bienaventuranzas en el Evangelio. Por ejemplo, en Lucas se ve que ya son bienaventurados los ojos de los discípulos que ven lo que están viendo,[285] porque muchos quisieron ver y no lo vieron, dice Jesús.

O Pedro en la confesión de Cesarea: "Feliz de ti, Simón, hijo de Jonás, porque esto no lo has recibido ni de la carne ni de la sangre".[286] O cuando Jesús dice: *"Felices aquellos para los que yo no sea motivo de escándalo".*[287] O también cuando expresa: *"Felices los creen sin haber visto".*[288] Y es bienaventurada, sobre todo, la madre de Jesús el Salvador, por haber creído: *"Feliz de ti porque has creído lo que te fue anunciado de parte del Señor"*[289] le dice Isabel a María. En otra ocasión, Jesús responde a la mujer que alaba a su madre, por ser su madre: *"Felices los que escuchan la Palabra de Dios y la practican".*[290]

Es decir que las Bienaventuranzas del Sermón de la Montaña no son las únicas. El Evangelio está atravesado de otras Bienaventuranzas. Hay otras en los evangelios, y aún en los restantes libros del Nuevo Testamento. Por ejemplo, Jesús

---

[285] Cfr. Lc 10,23.
[286] Mt 16,17.
[287] Mt 11,6.
[288] Jn 20,29.
[289] Lc 1,45.
[290] Lc 11,28.

también proclamó felices a quienes eran testigos de sus obras y palabras:

"Felices, en cambio, los ojos de ustedes, porque ven; felices sus oídos, porque oyen".[291]

Y Lucas nos transmite una bienaventuranza de Jesús que no quedó registrada en los Evangelios:

"La felicidad está más en dar que en recibir".[292]

Quisiera concluir estas meditaciones con una de estas bienaventuranzas, proclamada por Jesús ante el asombro del incrédulo Tomás:

"¡Felices los que creen sin haber visto!".[293]

Porque poder creer, aceptar con confianza y amor una Presencia que irrumpe en la vida, es una gracia, un regalo inmerecido. Efectivamente, la fe es posible porque hay una irrupción de Aquel que es el objeto de nuestra fe, y que se da como un encuentro. Y así, en el inicio de la vida espiritual, creer es tan fácil y sencillo como aceptar una evidencia, la de Alguien presente que irrumpe por la fuerza del amor, de las circunstancias, de la interacción de otros, de los signos de la Providencia. No una evidencia visible o palpable, sino más bien como una unción interior que facilita abrir el corazón y decir ¡creo!

Es el momento de la *primera conversión*, cuando la persona se apropia de la fe que ha recibido quizás como una educación, o una mera pertenencia cultural, y puede reconocerse creyente con la autenticidad de un acto profundamente libre y personal. A partir de ahí todo se hace sencillo. Porque creer así viene de la mano con cambiar. Cambios, pasos, actitudes de vida cristiana que comienzan a darse de modo progresivo y creciente.

---

[291] Mt 13,16.
[292] Hech 20,35.
[293] Jn 20,29.

Se trata de una respuesta asombrada frente a una irrupción muchas veces inesperada. Dios da la fe como una gracia al hacerse presente. Da la luz, y el objeto de la luz. O más bien, el Objeto porta su luz para ser visto. Escribió uno de los misioneros:

"Si Él no se hubiera presentado, yo no hubiera sido capaz de un acto de fe transformador. Porque Él vino, lo vi".

¡Es que la fe es repuesta a una Presencia! Así como el ojo ve la luz, la fe es el órgano para ver a Cristo. Y así como el ojo se pone en funcionamiento con la luz, así la fe frente al Objeto, Cristo, que irrumpe. El hacerse presente de Jesús en nuestra vida y la fe como capacidad para recibirlo se pueden distinguir, pero no separar, en este sentido la fe es la luz de Cristo que se irradia sobre nosotros. Tenemos la capacidad de percibir la luz de Cristo, y cuando se presenta, de captar su belleza, porque el corazón humano está hecho para Él. Pero esa percepción también puede ser negada. Podemos cerrar los ojos, y permanecer en la oscuridad, por miedo, por no querer cambiar, por egoísmo, por desconfianza. Este es el núcleo de la fe... creer, confiar, porque lo veo; y lo veo, porque Él se ha presentado, no porque yo sea clarividente. Por eso, ¡feliz de vos si tenés fe!

La fe es gracia. Es el grado más alto de la razón, su acto más digno porque a través de la fe, y en el mismo acto de creer, reconoce su límite... no puede darse a sí misma la fe. La razón puede hilvanar todas las razones de conveniencia, pero no puede impulsarse a sí misma a creer. Para pasar de la verosimilitud a la certeza se necesita la gracia de ser encontrados primero por Él. San Pablo lo testimonia en su carta a los Filipenses:

"... sigo mi carrera con la esperanza de alcanzarla, **habiendo sido yo mismo alcanzado por Cristo Jesús**".[294]

---

[294] Filip 3,12.

Eso nos ayuda a entender la fe de mucha gente pobre. No se trata de una fe inmadura o poco *ilustrada*. Aunque pueda y deba ser formada. Es una fe auténtica, porque Dios los ha visitado con predilección. Así lo canta María en su acción de gracias: "... *porque Él miró con bondad la pequeñez de tu servidora*".[295] Ellos a menudo lo *ven* con más claridad. Aunque no puedan dar las razones filosóficas al respecto. No tienen tanto reparo en aceptar lo que gratuitamente se les ha dado.

Te invito a la acción de gracias. Frente a la gratuidad de parte de Dios en su irrupción, la acción de gracias. Haber leído este libro supone un deseo de vivir las bienaventuranzas, que son el *estilo de vida de Jesús*. Y tener ese deseo, supone la fe. Y para poder creer, es necesario que Él se haga presente.

Así, entre la primera de las Bienaventuranzas, y ésta, al final del Evangelio de Juan, hay un hilo conductor. Son los que tienen alma de pobres los que también se encuentran más preparados para creer; pero también es verdad que, al creer, aunque todavía seamos autosuficientes, nos vamos haciendo más pobres, más receptivos al don de Dios. La fe nos va llevando a la humildad, nos purifica. Porque al comprender, el hombre de algún modo domina; pero al creer es llevado a la confianza. Por eso Dios quiere la fe, por eso la fe es una virtud y la necesitamos. Ella nos prepara para un don aún mayor: el del encuentro definitivo.

Feliz de vos si te das por satisfecho con la evidencia recibida. Si podés decirle a Jesús que no te hace falta más luz, que con lo que de Él has recibido es suficiente para la confianza, para el amor, y para la entrega.

---

[295] Lc 1,48.

Apéndice 1

Vivir con autenticidad
el Sermón de la Montaña[296]

La autenticidad de Cristo

En esta meditación queremos contemplar la autenticidad de Cristo. Su autenticidad humana: todo en Él refleja lo que es.

Leyendo los trabajos que ustedes hicieron acerca de los puros de corazón, me llamó la atención que si bien todos vinculan de algún modo la pureza con la castidad, también van más allá de la castidad y relacionan la pureza con una cierta limpieza y transparencia de vida. Puro de corazón es aquel que es auténtico, íntegro; aquel que lo que es delante de Dios, es delante de los hombres y de ese modo sabe relacionarse.

Así es Jesucristo. Todo en Él refleja al Hijo del Padre, que viene a inaugurar el Reino; esa es su identidad profunda y eso es lo que se ve en su vida. Lo refleja, lo encarna, lo actúa, lo promueve, lo enseña, lo realiza en la cruz y en su resurrección, y lo entrega por el Espíritu Santo; comunica la gracia de su Espíritu.

Es una persona sin dispersión. Una persona que sabe descansar, que sabe amar, y que lo hace dentro de un marco de una profunda unidad de vida. Lo vemos por ejemplo en Juan, donde Jesús dice: *"Mi comida es hacer la voluntad de aquel que me*

---

[296] Esta meditación, originalmente al inicio, ha sido ubicada al final, como un apéndice, porque está especialmente dirigida a los miembros de la Sociedad San Juan.

envió y llevar a cabo su obra[297]. ¿Se acuerdan de cuando Jesús estaba con la samaritana y los apóstoles le preguntaban: "¿No has comido?" Por supuesto que él comía, pero en su modo de vida y en su mensaje siempre estaba como fundamento que su alimento, su energía, lo que lo hacía vivir, lo que lo movía cada día...era *"hacer la voluntad de aquel que me envió".* Y más adelante Jesús dice: *"Mi padre trabaja siempre y yo también trabajo".*[298]

Cristo tiene una visión, sabe adónde va, y hay en él un discernimiento. Va realizando ese Reino que él vino a inaugurar con su persona, paso a paso. Tiene un proyecto, un plan de acción que ha elaborado en diálogo con su Padre, iluminado por las luces interiores del Espíritu.

Por eso lo vemos al principio de su vida pública anunciando el Reino –un concepto que todos podían entender– y realizando muchos milagros. Después de la confesión de Cesarea de Filipo, ya hay menos milagros. Jesús comienza a anunciar la cruz. Finalmente, cuando es el momento va hacia Jerusalén y endurece el rostro. Hay una progresión.

Incluso enseña este discernimiento a sus apóstoles: "El campo está maduro; levanten la mirada, miren",[299] es decir: dense cuenta de lo que está pasando. Y siente un amor ardiente por lo que tiene que hacer, por su Padre y por los suyos, por los que lo acompañan. Dice: *"He deseado ardientemente comer esta Pascua con ustedes"*,[300] estar con ustedes.

Tiene una misión que cumplir y la lleva adelante puntualmente, con una gran fidelidad y con una gran autenticidad. Encarna con radicalidad lo que predica. Es lo que es. Y pienso que es muy importante este rasgo de autenticidad en la humanidad de Cristo, porque también nosotros estamos llamados a crecer en autenticidad.

---

[297] Jn 4,34.
[298] Jn 5,17.
[299] Cfr. Jn 5,34.
[300] Lc 22,15.

Nosotros no somos Cristo, pero nos vamos apropiando de Cristo por la vocación recibida; por la vocación a la vida cristiana, por la llamada al Bautismo y a la vida consagrada. La vida pública de Jesús es el modelo de nuestra vida. Entonces, vamos alcanzando de a poco esa madurez, esa estatura en Cristo, y vamos siendo cada vez más auténticos en lo que somos. Entre el "yo real" y el "yo ideal" se van acortando las distancias. Y de este modo vamos siendo más auténticos.

Ustedes se están formando para ser sacerdotes. Algunos son filósofos, otros terminaron y se preparan para la Teología, otros están empezando, pero están en una etapa de formación, que es una formación integral: humana, intelectual, comunitaria, espiritual, apostólica. La formación es el tiempo de la *"docibilitas"*, decía el P. Cencini;[301] el tiempo en donde vos te dejás impregnar con más fuerza por la humanidad de Cristo.

Por eso estudiás, por eso vivís en común, por eso hacés lo que hacés. Lo fuerte de la etapa de la formación –o de la formación inicial por lo menos– es *llegar a ser lo que estás llamado a ser de manera auténtica.*

Y eso no se puede dar por descontado. Gracias a Dios tenemos aquí gente muy buena; personas que están acá porque quieren estar acá y quieren seguir a Cristo; y cada uno de ustedes hace su mayor esfuerzo por ser fiel.

Esa es una gracia que tenemos: gente buena, gente que vino a entregarse. Así y todo, pienso que hay que darle una importancia esencial a la formación inicial. Según mi experiencia, después de que se termina esta etapa, después de un tiempo, lo que no llegó a internalizarse con una convicción muy honda, tiende a caerse, o a dejarse. Como si a lo largo del tiempo, todo aquello que no hubiéramos abrazado desde la identidad personal más profunda, que no hubiéramos hecho parte de nuestro yo, lo fuéramos abandonando.

---

[301] Cfr. AMEDEO CENCINI, *Por amor, con amor, en el amor*, Sígueme, Salamanca, 2007.

Lo he visto –lamentablemente– en casos de algunos jóvenes que estaban conmigo en el Seminario. Teníamos que estar todos los días en la capilla media hora para hacer la meditación. La mayoría practicaba esta oración matinal fielmente, con un gran amor, y así fueron madurando y creciendo en su camino. Pero también había algunos pocos que durante ocho años, cada día, solamente cumplieron con ese ritual porque estaba el rector ahí, primero de todos, de manera que si no ibas dos o tres días, te llamaban la atención. Así que... había que estar. Pero salieron del Seminario y al poco tiempo dejaron de practicar esa oración tan importante para la vida de un sacerdote... No habían internalizado ese hábito, sino que era parte de un sistema: "Estoy acá y tengo que hacer esto mientras soy seminarista, pero no lo adopté como un valor para mí, como un valor real". No digo que ellos se lo formularan así, pero quizás no habían hecho el trabajo de conectar esta práctica con la identidad personal profunda. Más bien es probable que hayan pensado: "No me cuesta ir a la capilla a meditar; lo hago y punto".

Pero no pudieron discernir el valor de ese hábito de oración como una llamada de Dios para ellos; una llamada personal que es parte de la propia identidad en esta vocación. Bueno, por eso dejaban ese hábito, ese valor. Y en general había un anticipo de esto, porque lo abandonaban durante las vacaciones o los fines de semana... Se podía prever que lo iban a dejar.

Los cinco conceptos

Terminemos entonces reflexionando acerca de esas cinco palabras que explicitan la identidad del misionero de la SSJ, y alrededor de las cuales queremos ser auténticos (carisma, mensaje, modelo, fin y espiritualidad):

1. ¿Cuál es el *carisma* de la Sociedad San Juan? Nosotros no utilizamos mucho esa palabra porque suena un poco esotérica para los que no están familiarizados con el lenguaje del Nuevo Testamento. Sin embargo, muchas veces nos preguntan: ¿Cuál es el

carisma?... El *carisma de la Sociedad San Juan es la Nueva Evangelización* en esos dos ambientes específicos de nuestro apostolado; entre los estudiantes y profesionales; y entre los más pobres. Pero la respuesta corta es: la Nueva Evangelización.

2. ¿Cuál es el *mensaje* de la SSJ? El *mensaje es que "en Cristo hay una Nueva Situación"*. Este mensaje expresa una realidad, una experiencia que hemos vivido.

3. *¿Cuál es el modelo sobre el cual moldeamos nuestra vida? La vida pública de Jesús.* Es el modelo de Jesús recorriendo ciudades y pueblos; el de ese Cristo que, con celo misionero, sale a buscar las ovejas perdidas del pueblo de Israel.

4. ¿Cuál es el *fin* de la SSJ? El punto 3 de las Constituciones responde esta pregunta: *"Tomando como programa y modelo la vida pública del Señor, nuestra Sociedad tiene como fin colaborar como misioneros en la Nueva Evangelización a través del anuncio de su mensaje".* Este punto resume lo esencial de nuestra tarea, y describe los dos ámbitos específicos: *"... entre: a) los estudiantes secundarios y universitarios; y los profesionales, para formar una dirigencia capaz de transformar la realidad según los valores del Reino. b) los más humildes, para que la Buena Noticia sea anunciada a los pobres,*[302] *suscitando entre ellos líderes capaces de animar sus comunidades y de ser levadura en su ambiente".*

5. *¿Cuál es la Espiritualidad de la SSJ? La vida en Cristo.*

Esto creo que está bien grabado en nuestra inteligencia y nuestro corazón porque es como la columna vertebral de nuestra vida.

---

[302] Cfr. Lc 4,18.

• Ejercicio

1. Por eso, les propongo que le pidan al Señor esta gracia: ser más auténticos.

"Señor, que yo pueda configurar mi vida ya, hoy, contigo; que mi vida espiritual sea la vida en Cristo; que mi modo de vida sea tu vida pública".

"Que el fin de mi vida sea vivir como misionero trabajando con los estudiantes y los profesionales, y con los más pobres".

"¡Que eso sea auténtico en mí! Que yo pueda abrazar mi misión como una identidad personal profunda. Me has llamado desde el seno materno a encarnar eso. Te pido, Jesús, que mi mensaje personal sea la Nueva Situación; que mi estilo de vida irradie el Sermón de la Montaña; que yo pueda ser del mejor modo posible el que quiero ser, por tu gracia".

Hace tiempo, conversando en Estados Unidos con un monje que conocí, me contaba que un día él y sus compañeros estaban hablando de banalidades en la mesa. Entonces les dijo: "Hermanos, somos monjes. Hablemos de Cristo, dejémonos de diálogo vacío; *basta de empty talking.* ¿De qué estamos hablando? Hablemos como monjes si somos monjes". Me lo comentó así como al pasar, pero tiene razón. Me gustó mucho; los monjes tienen que hablar como monjes, tienen que conversar entre ellos las cosas de monjes. Y nosotros tenemos que hablar como misioneros, vivir como misioneros de la nueva evangelización. Irradiar a Cristo todo el tiempo, los siete días de la semana, las veinticuatro horas.

Eso es la autenticidad: ser lo que somos. En todos lados donde estemos o vayamos. Por supuesto que somos pecadores y que el pecado es división interior; entonces, no siempre tenemos esa autenticidad, desde ya; pero qué hermoso es tener nostalgia de ella.

"¡Ay Señor… si yo pudiera ser más auténtico! ¡Si pudiera encarnar más y mejor todo esto!" Voy a orar no porque *tengo* que orar, sino porque lo deseo desde mi más profunda identidad. Voy al barrio no porque el sábado a la tarde toca ir al barrio sino por mucho más que eso: estoy estudiando todo el día; déjame, Señor, por lo menos ir una vez por semana a ver a los más pobres, hablar con ellos, no me lo quites". Y así...

Queremos que nuestra autenticidad surja del impulso de la Nueva Situación; de una identidad profundamente anclada en Cristo, pero de todas maneras tenemos que pedirlo más. Porque para el que vive en Cristo, la Ley está de más. En la formación no deberían hacer falta ni superiores, ni leyes, ni monitores ni nada. Hacen falta porque necesitamos quien nos guíe, pero ustedes entienden lo que quiero decir... Sería maravilloso que pudiera ser así. *La Ley está, las Constituciones están porque protegen una debilidad y porque también orientan; pero el que vive en Cristo, está por encima de esto.*

2. En segundo lugar les propongo orar con el punto 3 de las Constituciones (citado más arriba), que es, me parece a mí, el corazón de estas Constituciones. Y con sus Estatutos:

Estatuto 1: *"El mensaje que la SSJ vive, irradia y anuncia es que en Cristo hay una Nueva Situación. Una situación que trasforma la relación con Dios, con uno mismo, con los demás y con el mundo. Cristo –y la Vida Nueva que Él ofrece– es el primer y más profundo factor de cambio y transformación de la persona, de su entorno y del mundo. Esta es la certeza primera y fundamental que anima a la SSJ".*

Estatuto 2: *"Dedicaremos cada semana, al menos un día completo, a la Evangelización entre los pobres. Nuestra presencia entre ellos busca comprender mejor sus angustias y esperanzas, sus dolores y alegrías".*

Estatuto 3: *"Damos preferencia a las grandes ciudades, que es donde más claramente se encuentran las dos realidades"* y sigue...

Dicen también: *"Nuestro trabajo apostólico se dirige a estos dos sectores específicos, tratando de hacer un verdadero ministerio de la unidad en Cristo";* y luego definen: *"El ministerio de la unidad en Cristo es uno de los frutos de la Evangelización".*

Quien vive en Cristo es capaz de relacionarse en verdad y caridad, más allá de las diferencias sociales, volviéndose capaz de cultivar una tensión puesta en el otro, como inicio de una verdadera preocupación por la persona. La invitación es a ver a los pobres en clave teológica, siendo capaces de aprender de ellos. *"Por eso, **las obras de misericordia son un camino de descubrimiento de Jesús en el rostro del otro**. La práctica de la misericordia es transformadora y liberadora, la comprensión a los más pobres profundiza la conversión a Cristo".*[303]

¡Excelente!

El Papa Francisco subraya lo importante que es que las personas que han tenido más posibilidades, estén en contacto con los que tienen menos: *"Quisiera advertir que no suele haber conciencia clara de los problemas que afectan particularmente a los excluidos; ellos son la mayor parte del planeta, miles de millones de personas. Hoy están presentes en los debates políticos, económicos e internacionales; pero frecuentemente, pareciera que sus problemas se plantean como un apéndice; como una cuestión que se añade casi por obligación o de manera periférica, si es que no se los considera un mero daño colateral".*[304] Y después agrega: *"Ello se debe, en parte, a que muchos profesionales, formadores de opinión, medios de comunicación y centros de poder, están ubicados lejos de ellos, en áreas urbanas aisladas, sin tomar contacto directo con sus problemas; viven y reflexionan desde la comodidad de un desarrollo y de una calidad de vida que no está al alcance de la mayoría de la población mundial. Esta falta de contacto físico y de encuentro, a veces favorecida por la desintegración de nuestras ciudades, ayuda a cauterizar la conciencia e ignorar parte de la realidad en análisis sesgados".*[305]

¡Cuánta verdad hay es eso!

Las personas que toman decisiones, que tienen influencia en el mundo y dirigen las sociedades no siempre tienen contacto humano real con los pobres; sí los ven a través de las estadísticas o a través del vidrio del auto. Pero difícilmente entren en la casa de los más humildes. Nosotros, sacerdotes que queremos vivir la vida pública de Cristo, hacemos y tenemos

---

[303] Est. 7.

[304] FRANCISCO, *Laudato Si'*, nro. 49.

[305] Ídem.

que seguir haciendo esto: llevamos a los chicos, a los jóvenes, a los adultos al contacto *cor ad cor* con la gente que más sufre.

Yo lo veo por ejemplo en los hombres que han ido a la cárcel a misionar. Para ellos, entrar en contacto con Jesús *encarcelado* ha significado el descubrimiento de un mundo nuevo, del que no sabían nada existencialmente hablando. También sucede con los universitarios que van a misionar... La vivencia que experimentan les deja una huella en el alma que no se borra jamás. Nosotros llamamos a este trabajo "Ministerio de la unidad". **Entrar en contacto con la realidad del pobre deja una huella en el alma.**

El otro día uno de los sacerdotes de Córdoba, el padre Máximo –que atiende actividades como el Cenáculo, donde van trescientos cincuenta chicos, y que ayuda en Fragua, que es también muy grande, más el grupo de adultos–, me decía: "Acá viene muchísima gente. Pero yo quiero salir, quiero ir más allá; no quiero atender solamente a «estos muchísimos que llegan», que ya vienen solos, porque la convocatoria es parte de nuestra vida... No quiero perder el contacto con el que no cree". Y me gustó, eso es una autenticidad.

Es una identidad auténtica: "Muy bien, esto es bárbaro, pero yo soy misionero; quiero un espacio donde yo pueda salir de acá y estar en contacto con la frontera; porque es lo que soy: misionero".

Por eso es importante la autenticidad: porque las circunstancias van cambiando y si no somos auténticos, nos vamos adaptando, ¿no? Nos vamos acomodando. En cambio, si hay autenticidad en lo que somos, bueno, eso lo vamos a poder actuar en donde estemos; porque eso ya está en nosotros, es lo que somos.

Gloria al Padre, al Hijo y al Espíritu Santo, como era en el principio, ahora y siempre por los siglos de los siglos. Amén.

Apéndice 2

PARA UN EXAMEN DE CONCIENCIA
BASADO EN LAS BIENAVENTURANZAS

El mejor modo de tomar en serio las bienaventuranzas evangélicas que hemos meditado es servirnos de ellas como de un espejo para un examen de conciencia de veras *evangélico*. Toda la Escritura, dice Santiago, es como un espejo en el cual el creyente debe mirarse con calma, sin apuro, para conocer de veras "cómo es" (cfr. St 1,23-35), pero la página de las Bienaventuranzas lo es de manera única.

* *"Bienaventurados los pobres en espíritu, porque de ellos es el Reino de los Cielos"*: ¿Soy pobre de espíritu, pobre por dentro, abandonado en todo a Dios? ¿Soy libre y desprendido de los bienes terrenos? ¿Qué representa el dinero para mí? ¿Busco conducir un estilo de vida sobrio y simple, al que se consagra quien quiere testimoniar el Evangelio? ¿Me duele la pobreza de los pobres? ¿Soy solidario con ellos? ¿Cuido los bienes de la SSJ como si fueran míos? ¿Soy fiel a la limpieza, mantenimiento y trabajo material? ¿Me quejo cuando falta algo de lo necesario? ¿Lo tomo con espíritu sobrenatural? ¿Amo la pobreza en cuanto me configura con Cristo pobre?

* *"Bienaventurados los afligidos, porque serán consolados"*: ¿Considero la aflicción una desgracia y un castigo, como hace la gente del mundo, o una oportunidad de asemejarme a Cristo? ¿Cuáles son los motivos de mis tristezas: los mismos de Dios o los del mundo? ¿Busco consolar a los otros, o solo ser consolado yo? ¿Cuáles son mis sufrimientos apostólicos? ¿Sé custodiar como un secreto entre Dios y yo las contrarie-

dades, sin difundirlo por todos lados? ¿Cómo es mi alegría? ¿Cómo la testimonio? ¿Dónde se alimenta? ¿Cómo es mi esperanza sobrenatural? ¿El cielo tiene alguna relevancia práctica para mí?

- *"Bienaventurados los mansos (pacientes), porque heredarán la tierra"*: ¿Soy manso? ¿Hay violencia en mis acciones, aunque sea de palabras y de pensamientos? ¿Domino la ira afuera y adentro de mí? ¿Soy gentil y afable con mis prójimos? ¿Tengo paciencia para sufrir? ¿Sé esperar?

- *"Bienaventurados los que tienen hambre y sed de justicia, porque serán saciados"*: ¿Tengo hambre y sed de santidad? ¿Tiendo a la santidad, o me resigné hace tiempo a la mediocridad y a la tibieza? ¿Tengo hambre y sed de vivir en la *Nueva Situación*? ¿Tengo hambre y sed de que otros vivan también así, e irradiando la Nueva Situación, venga a nosotros Su Reino? ¿Reflejo en mi celo apostólico este *hambre*, o estoy saciado...?

- *"Bienaventurados los misericordiosos, porque encontrarán misericordia"*: ¿Soy misericordioso? Delante del error de un hermano, de un colaborador, ¿reacciono con juicio o con misericordia? Jesús sentía compasión por la gente: ¿y yo? ¿Fui alguna vez también yo el siervo perdonado que no sabe perdonar? ¿Cuántas veces he pedido y recibido a la ligera la misericordia de Dios por mis pecados, sin darme cuenta de a qué precio Cristo me la ha procurado? ¿Fomento los juicios temerarios? ¿Practico la hospitalidad? ¿Soy servicial? ¿Da gusto vivir conmigo?

- *"Bienaventurados los puros de corazón, porque verán a Dios"*: ¿Soy puro de corazón? ¿Puro en las intenciones? ¿Cuando digo sí es sí, y cuando digo no es no, como Jesús? Hay una pureza del corazón, una pureza de los labios, una pureza de los ojos, una pureza del cuerpo... ¿Busco cultivar todas estas purezas tan necesarias especialmente para las almas consagradas? ¿Soy fiel a la ascesis necesaria para custodiar la gracia del celibato?

- *"Bienaventurados los que trabajan por la paz, porque serán llamados hijos de Dios":* ¿Trabajo por la paz? ¿Pongo paz entre las partes? ¿Cómo me comporto en los conflictos de opinión, de intereses? ¿Me esfuerzo por referir siempre y solamente lo bueno, las palabras positivas, dejando caer en el vacío el mal, las habladurías, aquello que puede sembrar discordia? ¿Hay paz de Dios en mi corazón, y si no es así, por qué?

- *"Bienaventurados los perseguidos a causa de la justicia, porque de ellos es el Reino de los Cielos":* ¿Estoy listo para sufrir en silencio por el Evangelio? ¿Cómo reacciono ante cualquier injusticia o desaire que recibo? ¿Soy humilde? ¿Tengo sentido de la reparación?